URSULA DAVATZ

WIE BEWAHREN WIR
UNSERE KINDER
VOR DER DROGENSUCHT

URSULA DAVATZ

WIE BEWAHREN WIR
UNSERE KINDER
VOR DER DROGENSUCHT

Rothenhäusler Verlag Stäfa

© 1995 Rothenhäusler Verlag, CH-8712 Stäfa

Umschlaggestaltung: Lilian Krauthammer, Zürich

Druck: Bodan AG, Kreuzlingen

ISBN 3-907960-79-3
Printed in Switzerland

*Für Jürg
und unsere Kinder
Ariuscha, Zeno, Fay*

INHALT

I. BETRACHTUNGSWEISEN DER SUCHT

Der Mensch sucht Befriedigung

Der Mensch sucht Befriedigung. Er braucht diese ebenso zum Leben wie Luft, Wasser und Nahrung. Kein Mensch kann ohne Befriedigung leben.

Befriedigung kann über viele verschiedene Verhaltensweisen erreicht werden, das Endresultat ist jedoch immer das gleiche: ein tiefes inneres Wohlbefinden oder Glücksgefühl.

Im Gehirn läuft dieses Wohlbefinden über die Aktivierung des sog. Wohlbefindlichkeitssystems, *englisch reward system*, d.h. Belohnungssystem genannt. Durch die Aktivierung dieses Wohlbefindlichkeitssystems wird eine Ausschüttung von Endorphinen ausgelöst. Dies sind morphinähnliche Stoffe, die zu den Nervenübertragungssubstanzen gehören.

Das Wohlbefindlichkeitsystem ist Teil der menschlichen Stressreaktion, d.h. es wird immer dann aktiviert, wenn der Mensch einer massiven Belastungssituation ausgesetzt ist wie z.B. bei einem schweren Unfall mit Knochenbrüchen, einer Kriegsverletzung mit schweren Wunden oder einer anderen Kampfsituation, die zu Verletzungen führt, also im Moment, da Hochleistung gefordert wird, kurz vor der Schockreaktion, die lahmlegt. Über die Ausschüttung der Endorphine, die neben der euphorisierenden, d.h. glückseligmachenden Wirkung auch eine schmerzstillende Wirkung haben, werden die auftretenden Schmerzen radikal unterdrückt, und somit wird über das zusätzlich auftretende gute Gefühl eine erneute körperliche Hochleistung ermöglicht, die das betroffene Individuum unter Umständen aus der akuten kritischen Notsituation rettet. Die Endorphinausschüttung hat also eine überlebenswichtige Funktion.

Im weiteren wird das Wohlbefindlichkeitssystem aktiviert bei natürlichen lebenserhaltenden Verhaltensweisen wie Essen, Trinken, Schlafen und auch beim Sexualvorgang. Auch hier hat die Endorphinausschüttung eine wichtige Funktion in dem Sinne, dass diese lebenserhaltenden Verhaltensweisen über das Wohlgefühl belohnt werden, was die Auswirkung hat, dass wir sie immer wieder aufsuchen.

Als drittes wird das Wohlbefindlichkeitssystem aktiviert im Anschluss an eine grosse Anstrengung oder Anspannung. Die Endorphinausschüttung leitet dann die Erholungs- und Regenerationsphase ein, die mit dem besagten Befriedigungsgefühl einhergeht. Gelingt es einem nicht, diese Endorphinausschüttung durch natürliches Befriedigungsverhalten auszulösen und somit Gefühle des Wohlbefindens zu erfahren, kann man sich entsprechende chemische Substanzen von aussen her zuführen. Diese chemischen Substanzen, die als Ersatz für die natürliche Endorphinausschüttung verwendet werden können, führen über den gleichen Prozess im Gehirn wie die Endorphine zu jenem Glücksgefühl, ohne welches der Mensch nicht leben kann. Morphin und Heroin sind die bekanntesten, den Endorphinen am verwandtesten körperfremden Substanzen. Aber auch alle Schlafmittel und viele andere Schmerzmittel sowie die angstlösenden Tranquilizer greifen in dasselbe Wohlbefindlichkeitssystem ein. Sämtliche Substanzen, die das Wohlbefindlichkeitssystem aktivieren, sind suchtbildend und gehören somit zu den Suchtsubstanzen. Auch Genussmittel gehören in diese Kategorie und können deshalb leicht zu Suchtmitteln werden.

Ein lebensfeindlicher Konkurrenzkampf

Wird dieses Wohlbefindlichkeitssystem regelmässig, d.h. täglich durch Suchtsubstanzen aktiviert, kann es sich dazwischen nicht mehr erholen. In diesem Augenblick setzt der Gegenmechanismus, die sogenannte Gewöhnung ein. Das Fehlen der künstlich zugeführten Suchtsubstanz bewirkt Unwohlsein, das Gegenteil von Wohlbefindlichkeit, körperliche und psychische Symptome, die man unter dem Begriff der sogenannten Entzugserscheinungen zusammenfasst. Da diese Symptome sehr unangenehm sind, entsteht ein Zwang, die Suchtsubstanz so schnell wie möglich wieder zu beschaffen und dem Körper zuzuführen. Dies ist der körperlich seelische Zustand, den man mit Sucht bezeichnet. Die Entzugssymptome sind nichts anderes als Stressymptome, geprägt von Angst und vielen körperlichen Schmerzen. Ist die Sucht voll im Gange, werden alle anderen Verhaltensweisen, die zu natürlich erreichtem Wohlbefinden führen, wie Essen, wenn man Hunger hat, Schlafen, wenn man müde ist, Beziehungen pflegen, wenn man einsam ist, einen Konflikt erfolgreich lösen, wenn man in einer Problemsituation steckt etc., vom chemisch herbeigeführten Wohlbefinden verdrängt. Dies ist der lebensfeindliche Konkurrenzkampf, in welchen alle Suchtsubstanzen mit sämtlichen lebenserhaltenden Verhaltensweisen eintreten. Ein Konkurrenzkampf, der schlussendlich immer zugunsten der Suchtsubstanzen ausfällt.

Das Fatale an der chemisch herbeigeführten Wohlbefindlichkeit ist, dass sie sich absolut lebensfeindlich auf den betroffenen Menschen auswirkt. Ein Süchtiger ernährt sich nicht mehr richtig, erhält seinen Schlafwachrhythmus nicht mehr aufrecht, pflegt seinen Körper nicht mehr und geht auch keine echten sozialen Beziehungen mehr ein.

Er geht also keiner lebensbejahenden, lebenserhaltenden Tätigkeit mehr nach, befriedigt lediglich noch seine Sucht. Die Sucht kann somit als fehlgelaufenes Befriedigungsverhalten angesehen werden. Sie unterscheidet sich vom natürlichen Befriedigungsverhalten dadurch, dass das Wohlgefühl über künstlich zugeführte Substanzen sofort erreicht werden kann. Bei einer Heroin- oder Kokain-Spritze z.B. innert Minuten, sobald der Stoff in die Blutbahnen und dadurch auf dem schnellsten Weg ins Gehirn gelangt, während beim natürlichen Befriedigungsverhalten eine Zeitspanne verstreicht, bis das Wohlgefühl ausgelöst werden kann. Meist geht auch eine gewisse Anstrengungs- oder Anspannungsphase voraus und erst darauf folgt dann das entspannende Wohlgefühl. Diese Betrachtungsweise der Sucht als fehlgelaufenes Befriedigungsverhalten, als Ausbeuter des Wohlbefindlichkeitssystems, hat nichts mit einer moralischen Verurteilung des Wohlbefindens, d.h. des Genusses zu tun oder gar einer genussfeindlichen Lebenshaltung. Ein Mensch braucht Genuss, sprich Wohlbefindlichkeit, und jeder Mensch ist auch dazu in der Lage, sich diese auf natürliche Weise zu verschaffen. Es geht hier einzig und allein um biologische Abläufe in unserem Körper, insbesondere in unserem Nervensystem, die ursprünglich darauf ausgerichtet sind, uns am Leben zu erhalten, über die Sucht aber dermassen fehlgeleitet werden, dass sie sich lebensvernichtend auswirken: eine wahrhaft paradoxe Situation.

Der Suchtbegriff kann über diese Betrachtungsweise auch auf sämtliche Verhaltensweisen, die Befriedigung erzielen, d.h. Endrophinausschüttung bewirken, ausgedehnt werden. Dies bedeutet, dass all diese Verhaltensweisen ebenfalls eine potentielle Suchtbildung beinhalten, was soviel heisst, dass sie in Suchtverhalten überführen können. Der Unterschied zwischen „normalem"

Befriedigungsverhalten und Suchtverhalten ist somit ein rein quantitativer. Sobald ein bestimmtes Befriedgungsverhalten extrem häufig und ausschliesslich angewandt wird, kann es im weiten Sinne als „Sucht" bezeichnet werden. Der ausschlaggebende Faktor dabei ist immer das Glücksgefühl oder der Genuss, die Wohlbefindlichkeit, auf welche der Mensch süchtig wird, unabhängig davon wie sie erzeugt wird.

Führen wir ein relativ ausgewogenes Leben, so ergeben sich natürlicherweise genügend verschiedene Möglichkeiten zur Befriedigung und keines der Befriedigungsverhalten wird zur Sucht. Sobald die Befriedigungsmöglichkeiten aber, aus welchen Gründen auch immer, eingeschränkt werden, besteht die Gefahr, dass wir uns auf ein einziges Befriedigungsverhalten abstützen und sich dieses dann infolge mangelnder Alternativen zur Sucht entwickelt.

Ein wahrer Teufelskreis

Ein süchtiger Mensch ist also ein Mensch, der seine Befriedigung weitgehend aus einer oder mehreren chemischen Substanzen, d.h. aus „Drogen" holt, oder aus einem einzigen Verhaltensmuster ableitet. Die Sucht oder das Suchtverhalten verdrängt die vielen verschiedenen Befriedigungsmöglichkeiten im Leben allmählich immer mehr. Die Sucht wird schlussendlich zum Hauptlebensinhalt. Alle übrigen Aktivitäten der Bedürfnisbefriedigung werden vernachlässigt oder gar fallen gelassen, sogar normale Grundbedürfnisse werden nicht mehr wahrgenommen. Die Sucht wird zum Bedürfnis und gleichzeitig zur Befriedigung Nummer eins. Ein ganz

kurz geschlossener Regelkreis, ein wahrer Teufelskreis.

Der von der Sucht beherrschte Lebensstil wirkt sich
nicht nur auf körperlicher Ebene lebensfeindlich aus, sondern auch auf sozialer Ebene, indem sämtliches Problem-
lösungs- und das daraus folgende Lernverhalten des Menschen im Umgang mit alltäglich anstehenden zwischen-
menschlichen Problemen wegfallen, da sich die Sucht als
Problemlöser für alles präsentiert. Eine Betrachtungsweise
der Sucht, die zum nächsten Kapitel überführt.

Sucht als schneller Problemlöser

Erfolgreiche Problembewältigung löst in der Regel Befriedigung aus. Häufige Misserfolge in der Problembewältigung führen zu Unzufriedenheit und Frustration.
Kommt ein Mensch mit einer gestellten Problematik
wiederholt und über längere Zeit nicht zurecht, wird er
von dieser Situation chronisch überfordert und es bleiben zentrale Bedürfnisse unbefriedigt. In solchen Situationen besteht die Gefahr, dass er bei einem anderen Befriedigungsverhalten Zuflucht sucht. Bringt dieses Befriedigungsverhalten die nötige Entlastung, so wird es
bald auch als Problemlöser für die ursprüngliche Problemsituation verwendet.

Die Einnahme von chemischen Substanzen wie Alkohol, Tabletten oder Drogen zeichnet sich im Vergleich
zu anderem Befriedigungs- bzw. Problemlösungsverhalten speziell dadurch aus, dass sich über diese Einnahme die Möglichkeit zur schnellen Veränderung der psychischen Befindlichkeit anbietet, d.h. eine sehr schnelle

Befriedigung bzw. Problemlösung, wenn auch Pseudo-problemlösung, erzielt werden kann.

Wir leben in einer Zeit der immer schneller werden-den Veränderung und Entwicklung, auch Acceleration, d.h. allgemein Beschleunigung genannt. Treten Proble-me auf, die eine Veränderung erforderlich machen, so be-steht oft der Anspruch und die Erwartung, dass diese Veränderung möglichst schnell eintreten sollte. Aus die-sem Grund neigt der Mensch von heute dazu, schnelle Problemlösungen und Akutmassnahmen im Sinne von Symptombekämpfungen den langfristigen oft mühsamen Problemlösungen vorzuziehen. Chemische Substanzen, le-gale und illegale, die eine psychotrope, d.h. hirnaktive Wirkung haben im Sinne einer Veränderung der psychi-schen Befindlichkeit, erfreuen sich deshalb einer allge-meinen Beliebtheit. Sie stellen potente scheinbare Pro-blemlöser dar. Innert Minuten oder Stunden kann man über Tabletten-, Alkohol- oder Drogeneinnahme die all-gemeine Befindlichkeit verbessern, indem man das Fru-strationsgefühl beseitigt, welches durch das ursprüngliche Problem verursacht wurde. Alle Probleme erscheinen so-mit für den Augenblick ebenfalls gelöst. Daraus erklärt sich, weshalb Suchtverhalten, das sich auf chemische Sub-stanzen abstützt, in der heutigen Zeit besonders verbrei-tet ist.

Chemisches Suchtverhalten stellt eine typische, schnel-le Problemlösung dar, das über die psychotrope Wirkung der chemischen Substanz ein Wohlbefinden erzeugt, das die gefühlsmässige Illusion aufkommen lässt, sämtliche Probleme seien nun tatsächlich gelöst. Die Einsicht, dass es sich dabei nur um eine Pseudoproblemlösung handelt, geht dem Süchtigen in der Regel ab oder wird erfolg-reich verdrängt, solange er unter dem Einfluss des Sucht-mittels steht. Versuchen wir ihn im nüchternen Zustand

mit der Tatsache zu konfrontieren, dass er mit dem Suchtmittel seine Probleme nicht lösen kann, ja sogar noch verschlimmert, so ist diese Realität in der Regel so schmerz-
lich, dass sich das Suchtmittel wiederum hilfreich anbietet, um vor diesen Problemen zu fliehen, ein Aspekt des
Suchtmittels, den wir im nächsten Abschnitt betrachten.

Sucht als Flucht und Ausweg

Befindet sich der Mensch in einer schwierigen Situation
und steht unter Druck, diese meistern zu müssen, so hat
er zwei grundlegend verschiedene Problemlösungen zur
Verfügung. Er kann die Probleme entweder aktiv angehen und zu lösen versuchen oder er kann ihnen ausweichen, ja gar vor ihnen die Flucht ergreifen. Chemisches
Suchtverhalten muss unter die zweite Art der Problemlösung eingereiht werden. Es stellt eine Flucht dar, die
jedoch die Umwelt zunächst gar nicht wahrnimmt. Über
das Suchtmittel kann man seelisch-geistig Abstand
nehmen, ohne dass die Umwelt dies bemerkt, da man
körperlich an Ort und Stelle bleibt. Chemisches Suchtverhalten erlaubt ein verinnerlichtes Fluchtverhalten,
während nach aussen der Schein der Präsenz gewahrt
bleibt.

Probleme werden nicht gelöst sondern verstärkt

Von allen menschlichen Fluchtverhaltensmöglichkeiten
kann die Flucht in die chemische Sucht als die zivilisier-
teste oder sozial höflichste Flucht angesehen werden.

Welches andere Fluchtverhalten würde es uns ermöglichen, z.B. auf der Flucht vor einer schwierigen Familiensituation am Tische sitzen zu bleiben? Auch am unbefriedigenden Arbeitsplatz muss man keine Konsequenzen ziehen, dank der Flucht in die chemische Sucht. Man behält seine Stelle und kann sich so benehmen, als ob alles zum besten bestellt wäre. Aktive Flucht verlangt Veränderung, ein Davonlaufen, eine Kündigung oder ähnliches. Suchtmittel machen es möglich, unbefriedigende Situationen unverändert zu lassen, ihnen aber gleichzeitig innerlich auszuweichen. Über Suchtmittelkonsum kann man z.B. die belastende Familiensituation von sich fernhalten, der schwierigen Partnerschaftssituation emotionell ausweichen oder die untragbaren Verhältnisse am Arbeitsplatz vergessen; für einen kurzen Moment geht es einem quasi besser, das Wohlbefinden ist wieder hergestellt.

Sobald die Wirkung des Suchtmittels allerdings nachlässt, kommt das Unbehagen, die Frustration umso stärker zum Vorschein; man steht wieder vor der gleichen, unverändert ausweglosen Situation. Die Familie wirkt noch belastender, der Partner ist noch unausstehlicher, weil mehr verärgert, der Arbeitsplatz erscheint noch schwieriger und feindlicher, man sieht einen noch grösseren, unüberwindbaren Berg von Problemen vor sich. Man flieht erneut ins Suchtverhalten. Der Teufelskreis ist wieder hergestellt.

Sucht stellt also erstens ein selbstschädigendes Befriedigungsverhalten, zweitens eine Pseudo-Problemlösungsstrategie und drittens ein Pseudo-Fluchtverhalten dar. Grundbedürfnisse werden durch die Sucht vernachlässigt, Probleme nicht gelöst, sondern verstärkt und es wird ihnen auch nicht erfolgreich aus dem Weg gegangen im Sinne einer gelungenen Flucht.

Ein Mensch, der in einer chronischen Problemsituation steckt, deren er nicht Herr wird und vor der er auch nicht fliehen kann, gerät in der Regel in einen Angstzustand, da er seine Situation als total auswegslos, ja lebensbedrohlich wahrnimmt. Die Angst ist wiederum ein Grund, um zum Suchtmittel zu greifen.

Sucht als Angstbekämpfer

Angst hat sowohl beim Tier als auch beim Menschen die Funktion der Warnung. Sie stellt ein Warnsignal dar, das den Betroffenen auffordern soll, sich vor einer Gefahr zu schützen, indem er entsprechende Verhaltensmuster wie Kampf, Flucht oder Ausweichen in Gang setzt. Das Ingangsetzen dieser Verhaltensmuster läuft über das autonome Nervensystem. Auf Gefühlsebene wird Angst als Unbehagen, Unlust bis hin zum Panikgefühl empfunden. Angst geht also einher mit gegenteiligen Gefühlen von Befriedigung und Wohlbefinden. Auf biochemischer Ebene läuft bei Angst ein Prozess ab im Gehirn, der die Stressreaktion des autonomen Nervensystems in Gang hält. Unter Angst werden über das autonome Nervensystem ganz bestimmte körperliche Reaktionen aktiviert und aufrechterhalten. Bei diesen körperlichen Reaktionen handelt es sich immer um Anpassungsreaktionen an eine höhere körperliche und auch geistige Leistungsbereitschaft wie: verstärkte Durchblutung durch die Erhöhung von Blutdruck und Pulsfrequenz, erhöhte Aktionsbereitschaft der Muskulatur durch eine höhere Muskelspannung, Vorbeugung gegen Überhitzen des Körpers durch verstärktes Schwitzen als Abkühlungsmechanismus, Durchfall zur Entlastung des Darmes als Fluchter-leichterung, (eine Reaktion, die bei allen Fluchttieren, zu denen offensichtlich auch der Mensch zählt, vorkommt) vermehrte Wachsamkeit auf Gehirnebene etc., um nur ein paar dieser körperlichen Reaktionen aufzuzählen. All diese körperlichen Reaktionen werden den Stresssymptomen zugeordnet.

Menschen, die ihre Angst gefühlsmässig nicht wahrnehmen können oder wollen, registrieren dennoch meist die körperlichen Symptome, die unter Angst auftreten, wie eben das Herzklopfen, der kalte Angstschweiss, die angespannten Muskeln, die zitternden Hände, den Durchfall, die Herzschmerzen, die Beklemmungsgefühle, das mulmige Gefühl im Magen und anderes mehr. Viele stehende Redewendungen im Volksmund beschreiben genau diese körperlichen Angst- oder Stressymptome: Jemand „macht vor Angst in die Hose". Auf Schweizerdeutsch hat einer „Schiss". „Das Herz ist ihm in die Hosen gefallen". Vor Schreck ist ihm „das Wort im Hals stecken geblieben". „Er zitterte wie Espenlaub" vor lauter Angst, oder wiederum auf Schweizerdeutsch: „Hast du nicht den Magen gehabt …", im Sinne von „…hast du nicht den Mut gehabt, etwas zu unternehmen?"

All diese körperlichen Symptome der Angst sowie auch die gefühlsmässige Wahrnehmung derselben lassen sich kurzfristig sehr gut bekämpfen mit chemischen Substanzen, die eine angstlösende Wirkung haben. Die verschiedenen angstlösenden Psychopharmaka bieten sich als geeignete schnelle Angstbekämpfer an und erfreuen sich deshalb, sowohl bei Patienten als auch bei Ärzten, grosser Beliebtheit. Alle diese angstbekämpfenden Substanzen, legale und illegale, sind ebenfalls suchtbildend, sie führen bei längerem Gebrauch immer zu einer psychischen und körperlichen Abhängigkeit, d.h. zu einer Sucht. Verwendet ein Mensch, der sich in einer Problemsituation befindet, die er als ausweglos ansieht und die ihn deshalb in Angst versetzt, zur Bekämpfung seiner Angst angstlösende Substanzen, ohne das Problem auch sonst anzugehen, läuft er bald Gefahr, von diesen Substanzen abhängig zu werden. Er greift mit der Zeit reflexartig zum angstlösenden Suchtmittel, sobald er nur ein leichtes Unbehagen empfindet und unterdrückt somit laufend seine Angstgefühle, sein ursprünglich als lebensrettend gedachtes Warnsignal. Dies hindert ihn wiederum daran, seine Problemsituation überhaupt anzugehen und verunmöglicht ihm gleichzeitig, Befriedigung zu erlangen über eine erfolgreiche Problemlösung.

Sucht ohne Suchtsubstanzen

Wie schon eingangs erwähnt, kann jedes Befriedigungsverhalten in eine Sucht ausarten, wenn es ausschliesslich verwendet wird und sämtliche andern Verhaltensweisen verdrängt, die zu Befriedigung führen. Was all diesen Verhaltensweisen, die zur Suchtbildung führen können, gemeinsam ist, ist die vorausgehende Stress- oder Erschöpfungsreaktion mit anschliessender Erholungsphase. In dieser Erholungsphase findet eine Endorphinausschüttung statt, die das Befriedigungsgefühl mit sich bringt, das zur Suchtentwicklung gehört. Im folgenden seien nur einige Beispiele solcher Suchtverhalten erwähnt:

„Krimisucht", „Nachrichtensucht", „Sensationssucht", „Kaufsucht", „Essucht", „Sexsucht", „Streitsucht", „Spielsucht", „Arbeitssucht", „Jogging-Sucht", „Bergsteigsucht", „Velofahrsucht" ... sind alles Süchte, die sich auf reiner Verhaltensebene abspielen. Es handelt sich um an sich normale Verhaltensweisen, die aber zu Suchtverhalten ausarten können, wenn sie exzessiv verwendet werden und andere wichtige Verhaltensmuster im Leben verdrängen, oder wenn sie angewandt werden, um Problemsituationen aus dem Wege zu gehen. Allen diesen Verhaltensmustern ist gemeinsam, dass sie als nicht-chemische Süchte ebenfalls ausschliesslich als Befriedigungs-, Flucht- und Ausweichverhalten angewandt werden können. Als schnelle Problemlöser sind sie ungeeignet, da sie vielmehr Zeit benötigen, um eine Wirkung zu entfalten als die chemischen Suchtmittel.

In diesem Buch werden wir uns lediglich auf die Auseinandersetzung mit den chemischen Süchten beschränken und nicht weiter auf diese Süchte eingehen.

Sucht als chronische Krankheit mit Rückfällen

Betrachtet man die Sucht als Krankheit, ist sie unter die chronischen Krankheiten, d.h. Langzeitkrankheiten einzureihen. Die Sucht erfüllt sämtliche Kriterien der chronischen Krankheiten: Sie entwickelt sich über längere Zeit, im Verlauf treten in der Regel Rückfälle auf, auch nach erfolgreicher Entzugsbehandlung, und der Heilungsprozess verlangt eine Rehabilitationsbehandlung. Der Therapeut muss sich also auf eine Langzeitbehandlung einstellen.

Epidemiologisch betrachtet ist die Sucht nicht nur eine Langzeitkrankheit, sondern auch eine ansteckende Krankheit. Jeder Süchtige steckt, laut einer Studie aus Schweden, in den ersten zwei Jahren seiner Suchtkrankheit ca. 6–8 neue an. Die Ansteckung erfolgt jedoch nicht durch eine physikalische Übertragung über ein Medium wie Luft, Wasser, Blut oder irgend eine andere Körperflüssigkeit, sondern durch „soziales Lernen" von Freunden, Kollegen, über den psychischen Gruppendruck. Nicht zuletzt tragen auch die verharmlosenden Medienberichte über Haschisch sowie die leichte Verfügbarkeit dieser Droge wesentlich zur epidemischen Ausbreitung der Suchtkrankheit unter den Jugendlichen bei.

Vom Umgang mit der eigenen Krankheit

Die Sucht als Krankheit unterscheidet sich somit von anderen Krankheiten, indem ein Verhaltensmechanismus eingeschaltet ist, der die Suchtkrankheit erst ermöglicht: die Beschaffung und der Konsum des Suchtmittels. Da man in der Regel von der Annahme ausgeht, dass Verhalten der bewussten Kontrolle, d.h. dem Willen unterstellt ist, wird häufig fälschlicherweise auch angenommen, dass Sucht deshalb nicht eine Krankheit, sondern nur ein Fehlverhalten sei, das über den Willen korrigiert werden könne, wenn man nur wolle. Die meisten Behandlungsprogramme basieren auch auf dieser Annahme und „behandeln" Rückfälle entsprechend mit „Bestrafung" als Korrektur des vermeintlichen Fehlverhaltens.

Die schlimmste Art der Bestrafung von Suchtpatienten ist der Ausschluss aus der Behandlung durch Rauswurf aus dem Therapieprogramm. Dies bedeutet Abbruch der therapeutischen Beziehung zum Patienten. Bei keiner anderen chronischen Krankheit wäre dieses Verhalten aus der Sicht des ärztlichen Therapeuten ethisch vertretbar. Bei den Therapeuten von Suchtpatienten jedoch ist es gang und gäbe, ja integraler Bestandteil der Suchttherapieprogramme. Diese bestrafende Haltung dem rückfälligen Suchtkranken gegenüber ist unkorrekt und schädlich für die Therapie des Einzelnen.

Rückfälle der Suchtpatienten werden durch eine Handlung eingeleitet im Gegensatz zu anderen chronischen Krankheiten, bei welchen die Rückfälle aus einer Organreaktion bestehen, wie z.B. eine Entzündungsreaktion der Bronchien bei Asthma. Diese Handlung, d.h. das Besorgen des Suchtmittels, ist jedoch genau so wenig der Kontrolle des Willens unterstellt wie die allergischen Reaktionen der Bronchien. Sie muss als Zwangshandlung angesehen werden, vergleichbar mit andern Zwangskrankheiten aus der Psychiatrie wie z.B. Kontrollzwang, Waschzwang oder Kleptomanie, d.h. Stehlzwang. Auch diese Krankheiten schliessen ein Verhalten mit ein, das normalerweise vom Bewusstsein her gesteuert wird, in diesem Falle aber über die bewusste Kontrolle nicht erfolgreich unterdrückt werden kann. Deshalb misst man diesen Verhaltensmustern einen Krankheitswert bei und behandelt sie entsprechend als Krankheit. Die Kleptomanie z.B., die Stehlsucht, die strafrechtlich als delinquentes Verhalten geahndet werden müsste, wird als Krankheit betrachtet und entsprechend behandelt. Bei der Suchtkrankheit hat sich dieses Denken noch nicht durchgesetzt. Die Suchtkrankheit wird bei Rückfällen in der Regel bestraft statt behandelt, wie andere chronische Krankheiten mit Rückfällen.

Wenn wir die Suchtkrankheit unter die chronischen Krankheiten einreihen, gehen wir davon aus, dass die Rückfälle nicht einfach vom Willen her unterdrückt bzw. kontrolliert werden können. Diese Grundhaltung soll aber nicht ausschliessen, dass bei Krankheiten inkl. der Sucht-krankheit nicht doch an ein gewisses Lernverhalten ap-pelliert werden kann.

Moderne Behandlungskonzepte von chronischen Krankheiten bauen heutzutage immer auch auf einem Lernverhalten auf, d.h. auf dem Erlernen eines geschick-teren Umgangs mit der eigenen Krankheit. Dank dieses besseren Umgangs mit der Krankheit kann eine zusätz-liche Verbesserung des Krankheitsverlaufs erzielt werden aus eigener Kraft, d.h. der Krankheitsverlauf kann in positivem Sinne beeinflusst werden. So gibt es Lernpro-gramme für Diabetiker, MS-Patienten, Rückenpatienten und viele andere chronische Patienten. Niemals aber wer-den die chronischen Patienten bestraft, wenn sie nur lang-sam lernen, d.h. wenn sie einen Rückfall haben. Auch bei Suchtpatienten sind entsprechende Lernprogramme sinnvoll, falls der bestrafende Anteil weggelassen wird. Suchtpatienten müssen lernen, mit ihrer chronischen Krankheit geschickter umzugehen. Dieser Lernprozess trägt wesentlich zur Verbesserung ihres Verlaufs bei. Doch so lange die Fachpersonen noch nicht wertfrei mit Krank-heitsrückfällen der Suchtpatienten umzugehen wissen, darf es nicht verwundern, wenn auch die Suchtpatienten selbst ihre Rückfälle nicht besser handhaben können, son-dern sie verheimlichen und zu leugnen versuchen, um dadurch der Strafe oder zumindest Missbilligung zu ent-gehen.

Falsches soziales Verständnis

Den epidemischen Anteil dieser Langzeitkrankheit müsste man ebenfalls auf einer lernorientierten, aber nicht individuellen, sondern gesellschaftlichen Ebene angehen, da sich die Suchtkrankheit ja über das Erlernen des Suchtverhaltens von Freunden und Kollegen ausbreitet. Die Suchtkrankheit muss „erlernt" werden, sie kann einen nicht einfach überfallen wie ein Virus. Leider läuft auf dieser Ebene in den Medien und in der Öffentlichkeit ein gefährlicher Prozess ab. Jeder nichtsüchtige Bürger wird dazu aufgefordert, Verständnis für die Suchtkranken aufzubringen und sie als soziale Randgruppe in das Kollektiv der Gesellschaft einzugliedern. Diese Aufforderung zur Eingliederung der Suchtkranken passiert wohlbemerkt im Augenblick, da häufig nicht einmal die Fachleute in der Lage sind, die rückfälligen Suchtkranken in ihrem therapeutischen Programm einzugliedern. Man verlangt also von der normalen Gesellschaft etwas, zu dem nicht einmal die Fachleute imstande sind. Eine wahrhafte Überforderung der Gesellschaft und vor allen Dingen der heutigen Jugend.

Eingliederung dieser Suchtpatienten unter den Jugendlichen heisst, sie in die eigene Mitte nehmen. Sobald eine solche Integration von den Jugendlichen verlangt wird, ist aber auch der „Lerneffekt durch Abschauen" nicht mehr weit entfernt und damit die „Ansteckungsgefahr" sehr gross.

So erstaunt es nicht, dass man heutzutage als Schüler eines Gymnasiums oder einer Berufsschule eine Ausnahme ist, wenn man nicht Haschisch raucht. Dieser soziale Eingliederungauftrag von Suchtkranken in unserer Gesellschaft fördert die epidemische Ausbreitung der Suchtkrankheit, hilft aber keinem einzigen Suchtkranken, von seiner Sucht loszukommen, bzw. geheilt zu werden. Eine chronische Krankheit kann nicht einfach durch Verständnis und soziale Eingliederung geheilt werden, sie bedarf einer fachgerechten Behandlung.

Das rein soziale Verständnis der Suchtkrankheit stösst an eine Grenze, ja ist sogar schädlich, weil es dazu führt, die epidemische Ausbreitung der Suchtkrankheit zu fördern. Dies soll jedoch nicht heissen, dass der einzelne Suchtkranke geächtet werden muss wie ein Aussätziger. Er soll aber auch nicht als armes soziales Opfer angesehen werden, sondern einfach als Kranker.

Verheerende Fehlinvestitionen

Was wären denn die sozialen Mittel, um diese epidemische Ausbreitung der Suchtkrankheit zu verhindern, statt zu fördern? Die Sucht müsste möglichst objektiv als chronische Krankheit dargestellt werden, eine Krankheit wie jede andere chronische Krankheit. Suchtpatienten dürften nicht als zu bemitleidende, sozial ausgestossene Wesen porträtiert werden, sondern als chronisch Kranke, wie alle anderen Langzeitpatienten.

Auch dürften in den Medien keine sensationellen, abenteuerlichen Geschichten über Suchtkranke erscheinen, Geschichten, welche beim Leser einerseits Horror, andererseits aber auch Faszination auslösen, die bei den Jugendlichen wiederum nach Nachahmung ruft. Sobald die Suchtsubstanz nicht mehr als verbotene, gefährliche, aber faszinierende Frucht dargestellt wird, im Sinne der Verführung ins Paradies, sondern ganz einfach als selbstschädigendes Mittel, das zu einer chronischen Krankheit mit allen dazugehörenden Übeln führen kann, hätte sie nicht mehr die Faszination für die Jugend. Vor allen Dingen läge auf der Gesellschaft nicht mehr dieser allgemeine Druck, die Verantwortung für die Suchtkranken übernehmen und sie erfolgreich in die Gesellschaft eingliedern zu müssen. Eine Verantwortungsübernahme, die eher zur Ansteckung und epidemischen Ausbreitung als zur Eingliederung führt. Für die Eingliederung anderer chronisch kranker Patienten fühlt sich die Gesellschaft auch nicht in diesem extremen Masse verantwortlich, mit allen Mitteln behilflich zu sein, sondern überlässt diese Aufgabe den Fachpersonen.

Irgendwie ist es frustrierten Fachpersonen und Sozialpolitikern gelungen, die gesamte Gesellschaft für diese chronische Krankheit der Sucht verantwortlich zu machen, ja dem Bürger sogar die Schuld dafür zu suggerieren. Eine Situation wie sie bei keiner anderen chronischen Krankheit besteht, selbst wenn es sich um sogenannte Zivilisationskrankheiten handelt.

Diese kollektive Schuldzuweisung lässt sich materiell und politisch sehr gut ausbeuten. In keine chronische Krankheit wird so bedingungslos und z. T. auch so kopflos und unprofessionell investiert wie in die Suchtkrankheit. Dass eine aus Schuldgefühlen heraus motivierte emotionelle, strukturelle und finanzielle Investition ohne entsprechende Fachkenntnisse, den Suchtkranken keine Heilung bringt und deshalb eine Fehlinvestition darstellt, sollte allgemein einleuchten.

Die Tatsache, dass dieses allgemein falsch verstandene soziale Engagement für Suchtpatienten, die epidemische Ausbreitung dieser chronischen Krankheit eher fördert als eindämmt, ist ein fatales Missgeschick für unsere heutige Jugend und für unsere Gesellschaft.

Deshalb sollte über die Sucht als „chronische Krankheit" unbedingt mehr Aufklärung durch medizinische Fachpersonen geleistet werden, um den verhängnisvollen epidemischen Nebeneffekt des sozialen Suchtverständnisses zu neutralisieren oder sogar aufzuheben. Die Sucht, als chronische Krankheit verstanden, liesse sich auch längst nicht mehr so gut medienpolitisch ausnützen, sondern wäre in die Reihe anderer chronischer Krankheiten zurückgedrängt und entsprechend neutralisiert bzw. objektiviert.

II. SUCHTURSACHEN

Suchtentwicklung in der Familie

Soziale Ursachen, die zur Suchtentwicklung führen können, sind am leichtesten in der Familie zu analysieren.
Dies nicht etwa, weil man die Familie als schuldig erklären möchte, sondern weil die Familie den kleinsten natürlichen sozialen Organismus darstellt, der sich am besten eignet für eine genaue, differenzierte Analyse in bezug auf soziale Spannungen. Ausserdem ist die Familie
das soziale Umfeld, das die grösste Einwirkung auf die
Entwicklung eines jungen Menschen hat, im positiven
und im negativen Sinne, und über welches sich, laut unserer Erfahrung, therapeutische Eingriffe am hilfreichsten auf den Süchtigen oder Suchtgefährdeten auswirken.
Zweifelsohne gibt es auch Faktoren in der Gesellschaft,
die mit zur Suchtbildung beitragen. Sie wirken sich jedoch meist über die Familie auf den jungen Menschen
aus oder, falls sie sich direkt auswirken, hat die Familie
trotz allem noch grösseren Einfluss auf die Entwicklung
des jungen Menschen als die anonyme Gesellschaft. Deshalb ziehen wir es vor, uns vorerst ausschliesslich auf die
Familie als soziales Umfeld des Süchtigen zu konzentrieren und erst anschliessend auf den Aspekt der Gesellschaft einzugehen.

Ursachen im Kleinkindalter

Suchtverhalten kann schon beim Kleinkind angebahnt
werden. Eltern können es als ihre Pflicht ansehen, bei
ihrem Kinde zu jeder Zeit sofort alle negativen Gefühls-
äusserungen zu beseitigen mit einer einzigen Art von
Befriedigung, nämlich der oralen Befriedigung durch die

Brust, den Schoppen, einen Schnuller, ein Teefläschchen, einen Schleckstengel oder ähnliches. Das Schreien des Säuglings ist zwar Ausdruck von Unzufriedenheit und bedeutet immer, dass er etwas braucht. Er braucht aber bei weitem nicht immer Nahrung, etwas Süsses, oder ganz allgemein etwas zum Saugen. Vielleicht braucht er nur eine kleine Veränderung. Vielleicht hat er zu heiss, zu kalt oder vielleicht ist es ihm langweilig und er braucht eine kleine Abwechslung, eine Stimulation oder ganz einfach menschlichen Kontakt. Es gibt noch viele andere Möglichkeiten, ein schreiendes Kleinkind zu beruhigen als durch orale Befriedigung mittels Schnuller oder Schoppen. Für die Eltern jedoch ist es am einfachsten, wenn sie bei jedem Schreien immer zum gleichen Mittel greifen können, wie z.B. zum Schnuller oder Schoppenfläschchen. Eine solche reflexartige Befriedigung des schreienden Säuglings mit stets gleichen oralen Mitteln kann unserer Ansicht nach eine suchtbahnende Wirkung haben für diesen Säugling bis hinein ins Erwachsenenalter.

Die Frage stellt sich nun, weshalb Eltern zu diesen schnellen, oralen Befriedigungsmethoden greifen. Die Gründe sind verschieden. In der Regel lässt sich jedoch beobachten, dass Eltern, die überfordert sind aus was für Gründen auch immer und deshalb eine niedrige Frustrationstoleranz haben, eher dazu neigen, beim Säugling und Kleinkind mit diesen schnellen Befriedigungsmethoden einzugreifen. Dieser Zwang zur schnellen Unterdrückung von negativen Gefühlen ihrer Kinder rührt wohl daher, dass sie schon selbst mit so vielen negativen Gefühlen zu kämpfen haben, so dass sie das Schreien ihres Kindes nicht mehr aushalten können und dieses ihr emotionales Fass zum Überlaufen bringt. Sie sind deshalb geradezu gezwungen, ihrem Kinde im wahrsten Sinne des Wortes so schnell wie möglich den Mund zu stopfen, um sich vor ihrer eigenen Verzweiflung zu schützen und somit ihr eigenes emotionelles Wohlbefinden wieder zu erlangen, eine im Grunde genommen notwendige Voraussetzung für ein effizientes Elterndasein.

„Wenn es dem bösen Nachbarn nicht gefällt ...“

Ein weiterer Grund, weshalb Eltern zu schnellen Beruhigungsmethoden greifen, können die Nachbarn sein, die Kindergeschrei schlecht tolerieren. Unerfahrene, unsichere Eltern können durch solche Nachbarn sehr unter Druck geraten. Sie fühlen sich deshalb verpflichtet den Nachbarn zuliebe, ihr Kind so schnell als möglich ruhigzustellen. Es ist ihnen unter solchen Umständen nicht mehr möglich herauszufinden, was dem Kind genau fehlt, wenn es schreit. Sie sind gezwungen, die schnellstmögliche Lösung zu verwenden, die das Kind zufrieden stellt, um dadurch der eigenen Drucksituation zu entgehen. Solch intolerante Nachbarn können demzufolge eine verheerende Auswirkung auf die Entwicklung eines Kindes haben, wenn es den Eltern nicht möglich ist, sich eine dicke „soziale Haut“ zuzulegen.

Das Märchen von der heilen Familie

Die Vorstellung einer „heilen Familie“, innerhalb welcher alle immer glücklich sein müssen, kann ebenfalls ein Grund sein, dass Eltern zu schnell negative Gefühle im Kleinkind zu unterdrücken versuchen. Diese Vorstellung verleitet die Eltern ebenfalls dazu, einen negativen

Gefühlsausdruck des Kleinkindes so schnell wie möglich und mit allen Mitteln abzustellen, da sie sonst selbst ihr seelisches Gleichgewicht verlieren, indem ihr Bild der immer glücklichen Familie gestört wird. Sie haben aus dieser Haltung heraus allzu schnell Angst, das Kind müsse leiden, und lassen deshalb ungern negative Gefühle aufkommen. Alles sollte immer ruhig und harmonisch ablaufen. Da die oralen Befriedigungsmethoden sich wiederum gut eignen für eine schnelle Ruhigstellung des Kindes, werden sie auch in diesem Falle häufig angewandt. Zudem wächst das Kind mit der Vorstellung auf, negative Gefühle wie Unlust, Frustrationen, Wut und Aggressionen seien etwas Schlechtes und müssten mit oraler Befriedigung möglichst schnell beseitigt werden.

Ein weiterer Grund, der bei den Eltern leicht zur Anwendung der schnellen Befriedigungsmethoden ihren Kindern gegenüber führt, ist eine länger andauernde Problem- oder Belastungssituation in der eigenen Familie, welche die Kräfte der Eltern so stark absorbiert, dass sie keine weitere Belastung mehr ertragen können. Wenn die Eltern schon dauernd unter einer Überlastung leiden, kann das Schreien eines Kindes eine emotionelle Überforderung auslösen. Deshalb muss dieses Schreien möglichst schnell beseitigt werden. Auch hier liegt eine schnelle, orale Befriedigungsmethode, wie dies der Schnuller oder das Fläschchen bietet, auf der Hand.

All diese schnellen, oralen Befriedigungsmethoden, häufig oder sogar ausschliesslich angewandt, ganz gleich aus welchen Gründen, können sich unserer Ansicht nach suchtbahnend für das Kind im Erwachsenenalter auswirken.

Zigarettenrauchen und Alkoholkonsum sind Beispiele sozial akzeptierter oraler Befriedigungsmittel im Erwachsenenalter.

Ursachen im späteren Kindesalter

Sobald die Kinder beginnen, ihre Eltern zu beobachten, kann sich alles Vorleben von Suchtverhalten der Eltern suchtbahnend auf die Kinder auswirken. Wenn die Eltern z.b. starke Raucher sind, regelmässig Alkohol trinken, Tranquilizer oder Schlafmedikamente konsumieren, so stellt dies ein klares Vorleben von Suchtverhalten für das Kind dar.

Anderes Suchtverhalten der Eltern, das nicht auf chemische Substanzen abstützt, wie z.b. Fernsehsucht, kann beim Kind ebenfalls zum Suchtverhalten führen, aber eher auf indirektem Wege. Die Fernsehsucht oder irgend ein anderes suchtmässig eingesetztes Verhalten der Eltern kann auf die Art und Weise suchtbahnend wirken, indem es den Eltern wenig Zeit lässt, Konflikte innerhalb der Familie im offenen Gespräch auszutragen, da der grösste Teil der für gemeinsame Unternehmungen zur Verfügung stehenden Zeit mit eben diesem Suchtverhalten belegt ist. Dadurch hat das Kind weder die Möglichkeit über die Beobachtung der Eltern in einer Auseinandersetzung noch durch direkte Erfahrung in der Auseinandersetzung mit den Eltern, Konfliktlösungsstrategien zu erlernen. Durch die mangelnde Beobachtungsmöglichkeit sowie Erfahrung mit Problemlösungsstrategien ist das Kind im späteren Leben dazu gezwungen, Problemsituationen eher aus dem Wege zu gehen, da es ja keine Konfliktlösungsstrategien erlernt hat. Sobald ein Ausweichen aber nicht mehr möglich ist, besteht wiederum ein gewisses Risiko, über Suchtverhalten bzw. Suchtsubstanzen chemisch auszuweichen.

Die „Arbeitssucht" eines oder beider Elternteile kann sich in diesem Sinne ähnlich auswirken wie die Fernsehsucht: Die Eltern haben wenig Zeit, Problemlösungsstrategien innerhalb der Partnerbeziehung in Form von Konfliktbearbeitung modellhaft vorzuleben. Sie haben auch nicht nur keine Zeit, Konflikte mit dem Kinde direkt konstruktiv auszutragen, sondern auch keine Zeit mehr für die Beziehung zum Kinde an sich. Sowohl Vorleben der Eltern von eigenem Suchtverhalten als auch mangelndes Vorleben von Problemlösungsstrategien sowie Vorleben von Ausweichverhalten vor Problemsituationen kann laut unserer Erfahrung eine wichtige Rolle spielen bei der Entwicklung einer Suchtkrankheit der Kinder. Deshalb sollten sich alle Eltern fragen, inwieweit sie ihren Kindern die Möglichkeit geben, Problemlösungsstrategien im Leben zu erlernen, oder in wie starkem Masse sie den Kindern alle möglichen suchtartig betriebenen Ausweichstrategien vorleben.

Die chronische Überlastung der Familie kann auch beim älteren Kinde Suchtverhalten fördern. Nicht nur die Eltern selbst können mit Suchtverhalten auf eine chronische Überlastungssituation in der Familie reagieren, auch das Kind kann auf die chronische Überlastung der Familie mit Suchtverhalten reagieren. Die Ursache der Überlastung spielt dabei keine Rolle. Sie kann davon herrühren, dass der Vater schwerwiegende Probleme am Arbeitsplatz hat, grosse Geldsorgen bestehen, sich die Mutter als Hausfrau frustriert fühlt, ein Geschwister über längere Zeit Probleme in der Schule hat, oder ein Kind an einer schweren Krankheit leidet etc.. Die Überlastung kann auch durch eine schlechte soziale Integration der Mutter oder des Vaters verursacht sein, weil sich diese nicht akzeptiert fühlen in der Nachbarschaft oder generell nicht zuhause fühlen als zugewanderte „Fremde". Es gibt noch viele andere Ursachen für die chronische Überlastung einer Familie, die hier nicht alle aufgezählt werden können.

Sobald eine Familie unter einer solchen chronischen Überlastung leidet, kann sie z.B. die zwar natürliche, aber doch zusätzliche Belastung eines pubertierenden Jugendlichen oft nicht mehr verkraften. Die maximale Belastungstoleranz ist schon erreicht, die einzelnen Familienmitglieder, vor allem die Eltern, können keine Anpassungsleistung mehr erbringen, um mit dem Ablösungskonflikt ihrer pubertierenden Kinder konstruktiv umgehen zu können. Zu diesem Zeitpunkt ist die Chance relativ gross, dass das pubertierende Kind aus Rücksicht auf die Familiensituation seine Unlustgefühle, seine Frustrationen und seine extreme emotionellen Zustände, die normalerweise zur Pubertät gehören, mit allen Mitteln zu unterdrücken versucht, um ja nicht die Ursache einer zusätzlichen Belastung für die Familie zu werden, statt mit seinen Eltern sogenannte Ablösungskonflikte auszufechten. Für die möglichst schnelle Unterdrückung der Unlust bieten sich wiederum chemische Substanzen an, legale und illegale Suchtmittel. Durch die beruhigende bzw. abstumpfende Wirkung des Suchtmittels kann der Jugendliche seine Pubertätskonflikte unterdrücken. Er muss sich weniger heftig mit seiner Familie auseinandersetzen und erweist dieser kurzfristig betrachtet tatsächlich einen Dienst. So kann für eine gewisse Zeit der Suchtmittelkonsum des Jugendlichen für die Familie durchaus unbemerkt bleiben, gerade wegen dieser beruhigenden, Konflikte unterdrückenden Wirkung. Sobald die Eltern aber anhand der Nebenerscheinungen des Suchtmittels, wie z.B. abnormer Geldverbrauch, Leistungsabfall in der Schule, verstärkte Schläfrigkeit oder geistige Abwesenheit etc., herausfinden, dass das Kind Suchtmittel konsumiert, steigt die Konfliktsituation in der Familie natürlich schnell wieder an. Der Jugendliche, welcher ursprünglich die Absicht hatte, der Familie zu helfen, wird nun heftig dafür angeklagt, dass er der Familie schadet, indem er ihr Sorgen und Schande bereitet. Eine für ihn aus seiner ursprünglichen Sicht des „Helfenwollens" unbegreifliche, ja sogar ungerechte Anklage. Aus der Sicht der Eltern sieht die Sache natürlich ganz anders aus, sie fühlen sich absolut berechtigt in ihrer Anklage, da sie den ursprünglichen Zusammenhang in der Regel nicht erkennen.

Erziehung durch Angst

Eine weitere Haltung, die sich suchtbahnend auswirken kann auf die Kinder, ist ein Erziehungsstil, der auf Angst und Einschüchterung aufbaut.

Das Angstmachen und Drohen sind alte und weit verbreitete Erziehungsmethoden. Vor allem bei stark religiös beeinflussten Erziehungsstilen werden angstauslösende Mechanismen häufig angewandt. Aber auch alle Märchen bauen auf dem angstmachenden Erziehungsstil auf. Im praktischen Leben droht man dem Kind mit dem „Bölimaa", dem Nikolaus oder sonst einer angstmachenden Autoritätsfigur. Als Angstfigur kann auch jede für diesen Zweck stilisierte Autoritätsperson aus dem Erfahrungsbereich des Kindes verwendet werden wie z.B. der Kaminfeger, eine böse Nachbarin, der Pfarrer, der Lehrer, der Arzt etc. Beliebte Abschreckungsfiguren sind auch Personen aus der eigenen Familie, die als „schwarze Schafe" bekannt sind. „Wenn du so weitermachst, dann wirst du wie dein versoffener Grossvater, der war ein totaler Taugenichts", oder „dein Onkel, der war ein Spinner", oder ähnliches mehr.

In der heutigen Leistungsgesellschaft können die Eltern auch leicht mit beruflichen Misserfolgen drohen. Die Drohung lautet dann etwa so: „Wenn du deine Hausaufgaben nicht machst, dann wird nie etwas aus dir, dann wirst du nie einen rechten Beruf erlernen können". Man macht dem Kind also Angst, indem man ihm damit droht, kein vollwertiges Mitglied in unserer Leistungsgesellschaft zu werden.

Der Liebes- oder Beziehungsentzug ist eine weitere erzieherische Drohung, die von Eltern häufig angewandt wird. Die elterliche Haltung lautet dann etwa so: „Wenn du das nicht machst, dann habe ich dich nicht mehr gern", oder „dann bist du ein böses Kind". Wenn Kinder diese ablehnende, verurteilende Haltung der Eltern häufig zu spüren bekommen, löst dies ebenfalls Angst in ihnen aus, denn sie sind ja abhängig von der elterlichen Zuwendung.

Eine andere gängige Art, den Kindern Angst einzuflössen, ist die Drohung mit der eigenen Krankheit. Die Haltung mit oder ohne Worte ist dann: „Wenn du so weitermachst, dann werde ich noch krank" oder „du machst mich ganz krank mit deinem Getue" oder gar „du bringst mich noch ins Grab". Oder der andere Elternteil mischt sich ein mit der Haltung: „Benimm dich doch endlich, siehst du denn nicht, wie schlecht es deiner Mutter/deinem Vater geht wegen dir?" Diese Haltung der Eltern „deinetwegen bin ich – ist die Mutter, der Vater – krank geworden", ob direkt ausgesprochen oder auch unausgesprochen und nur indirekt angedeutet, löst bei den Kindern massive Angst aus. Ein Kind ist auf die Gesundheit seiner Eltern angewiesen, da es ohne ihre Unterstützung nicht überleben kann. Lebt es aber unter dem Eindruck, dass die Eltern schwach und krank sind, bekommt es Angst, ihre Unterstützung zu verlieren. Zudem wird es noch von Schuldgefühlen geplagt, da es selbst ja die Ursache der Krankheit der Eltern sein soll, was natürlich eine enorme psychische Belastung für das Kind darstellt. Auf die Funktion der Schuld und Schuldgefühle wollen wir jedoch im nächsten Abschnitt eingehender zu sprechen kommen. Wir bleiben deshalb vorderhand bei der Angst.

Das Angstmachen als Erziehungsmethode kann Kinder, die eher angepasst und vorsichtig sind, tatsächlich zum erwünschten Verhalten erziehen und vom unerwünschten Verhalten abhalten. Das angestrebte Erziehungsziel wird also erreicht. Falls das Angstmachen aber auf allzu viele Situationen und allzu häufig angewandt wird, dann erhalten Kinder über diese Erziehungsmethode zusätzlich einen erhöhten Angstpegel. Dieser erhöhte Angstpegel erschwert ihnen im allgemeinen die natürliche Lebensbewältigung, indem unter Einfluss der Angst ein vermehrtes Zurückschrecken oder Vorsichtsverhalten in Problemsituationen an den Tag gelegt wird. Häufig angewandte Angst in der Erziehung bewirkt auch eine Verminderung des natürlichen Explorationsverhaltens beim Kinde. Dies bedeutet, dass Kinder unter dem Einfluss der Angst nicht mehr so lernfreudig sind und das Leben weniger mutig und aktiv anpacken. In diesem Sinne kann man auch sagen, dass Kinder, die stark mit Angst erzogen worden sind, keine vielfältigen Problemlösungsstrategien ausprobieren und entwickeln, da sie sich im Problemlösungsverhalten nicht üben können. Solche Kinder geraten in der Pubertät bei Schwierigkeiten viel schneller in eine Überforderungssituation, die wiederum Angst auslöst und die Chance zum Ausweichen auf ein angstlösendes Suchtmittel erhöht. Das angstlösende Suchtmittel kann gleichzeitig auch als Problemlösungsstrategie angewandt werden und der Teufelskreis ist doppelt gefestigt. Unter Angst wird zudem ganz schnell jegliches kreative Problemlösungsverhalten des Menschen unterdrückt, da der Blickwinkel eingeengt ist. Es wird verunmöglicht, neue Wege zu explorieren, und es bleibt deshalb nur noch die Flucht vor dem Problem, was wiederum die Wahrscheinlichkeit der Suchtentwicklung erhöht. Das Suchtmittel bietet für die Angst eine schnelle Linderung, für das Problem eine schnelle Problemlösung und als Flucht vor den Problemen ein «geeignetes Mittel».

Handelt es sich hingegen eher um wagemutige, abenteuerlustige Kinder, kann das Angsteinflössen eine gegenteilige Wirkung haben, indem die Kinder genau diese Dinge aufsuchen, vor denen ihnen ihre Eltern Angst gemacht haben. Sie experimentieren also mit allen gefährlichen Dingen inklusive mit Drogen, gerade weil man sie häufig über Angst davon abzuhalten versucht hat. Sie praktizieren auch gefährliche Sportarten, was die Eltern in grosse Angst versetzt, kurz sie verhalten sich in jeder Hinsicht so, dass möglichst viel Angst bei den Eltern ausgelöst wird, quasi um diese endlich dazu zu bringen, mit ihrer Angst fertig zu werden, im Sinne einer besseren Angstbewältigungsstrategie. Denn jede erfolgreiche Form der Angstbewältigung führt schlussendlich auch zu einer allgemein verbesserten Lebensbewältigung.

Dieses rebellische, für die Eltern angstauslösende Verhalten der Kinder muss als Problemlösungsstrategie interpretiert werden. Die Kinder versuchen, die Angst der Eltern zu bewältigen, indem sie das machen, wovor die Eltern selbst Angst haben und wovor sie deshalb warnen. Man könnte auch sagen, dass die Kinder über die Angst der Eltern hinaus zu wachsen versuchen, gleich wie Kinder von armen Eltern die Armut ihrer Eltern zu überwinden trachten. Speziell in der Pubertät wird dieses Angstbewältigungsverhalten leicht ausgelöst, denn in keinem Lebensalter ist der Mensch so risikofreudig, fühlt sich so stark, selbstbewusst und allem gewachsen wie in der Pubertät. Jugendliche, die diese Opposition zum ängstlichen Verhalten ihrer Eltern entwickeln, müssten sich vermutlich weniger Risiken aussetzen, würden die Eltern nicht ausschliesslich mit der Angst als Erziehungsmethode operieren und würden die Eltern ganz generell ihre Angst etwas mehr unter Kontrolle behalten und nicht immer direkt ans Kind weitergeben.

Erziehung durch Schuldgefühle

Eine weitere Erziehungsmethode, die nahe bei der Erziehung durch Angst liegt, ist die Erziehung durch Schuldgefühle. Wenn Kinder Verhalten zeigen, das den Eltern nicht genehm ist, können sie mit Enttäuschung und Unzufriedenheit reagieren. Die gängigen Redensarten zu diesen Situationen lauten dann: „Du hast mich enttäuscht, das schmerzt mich." Da Kinder ihren Eltern nicht weh tun wollen, kommen sie sofort unter Druck, wenn die Eltern ihnen gegenüber Schmerz zum Ausdruck bringen. Sie versuchen deshalb alles daran zu setzen, den Schmerz der Eltern zu verringern, indem sie sich den Eltern gegenüber wunschgemäss verhalten, selbst wenn es gegen ihr eigenes Naturell und ihre eigenen Bedürfnisse geht. Enttäuschungen und Schmerz der Eltern bewirken in der Regel beim Kind Schuldgefühle, die von den Eltern wiederum dazu verwendet werden können, das Kind zum gewünschten Verhalten zu veranlassen bzw. unerwünschtes Verhalten zu unterdrücken. Auf diese Weise „erlernte" Schuldgefühle können auch im Erwachsenenalter noch auftreten, wenn man gegen die Regeln der

Familie verstösst oder den Eltern Schmerzen zuzufügen glaubt durch das Nicht-Erfüllen gewisser elterlicher Erwartungen. Dies geschieht auch dann, wenn man die Verhaltensregeln der Eltern auf der Ebene der Vernunft schon längst verworfen hat, und die Eltern einen auch nicht mehr beobachten können, da man längst unabhängig von ihnen wohnt. Man trägt das Bild der enttäuschten Eltern aber noch immer in sich und reagiert darauf mit Schuldgefühlen und entsprechender Anpassung.

Im Erwachsenenalter können chronische Schuldgefühle auch durch das Gefühl des Nichtgenügens in der Partnerbeziehung entstehen oder durch eine dauernde Überforderungssituation am Arbeitsplatz. Die Schuldgefühle gehen gleichzeitig mit einem generellen Gefühl des Versagens einher. Ein Mensch, der hohe Anforderungen an sich stellt, fühlt sich schuldig und als Versager, wenn er diese nicht erfüllen kann. Er verstösst durch das Nicht-Erfüllen-Können der hohen Anforderungen gegen sein eigenes Gewissen und kommt dadurch in Schuld. Eltern, die an ihre Kinder dauernd hohe Erwartungen stellen, setzen massiven Druck auf diese auf und erhöhen somit die Gefahr der Entwicklung von Schuldgefühlen, sobald die Kinder diese Erwartungen nicht erfüllen können, ein Zustand, der generell suchtfördernd ist.

Aber nicht nur ausgesprochene Erwartungen und Wünsche an die Kinder, sondern auch unerfüllte Wünsche der Eltern können ihr böses Spiel treiben, indem sie sich auf die Kinder übertragen und bei ihnen zu Belastungssituationen führen. Haben Eltern von eigenen Träumen und Wunschvorstellungen, die sie nicht verwirklichen konnten, nicht Abstand genommen, besteht eine grosse Wahrscheinlichkeit, dass sie diese Wünsche auf ihre Kinder übertragen. Hat das Kind die gleichen Neigungen und Eignungen wie die Eltern, so mag diese Übertragung kein Problem darstellen, solange nicht zuviel emotionelle Intensität dahintersteckt. Sobald die Kinder aber ganz anders geartet sind als die Eltern, können sich diese Wunschvorstellungen verheerend auswirken, da sie vom Kind etwas verlangen, das es niemals erfüllen kann. Das Kind kommt also unter einen Leistungsdruck, den es niemals erfüllen kann und hat deshalb Schuldgefühle. Da Schuldgefühle von ähnlichen unangenehmen Symptomen begleitet sind wie die Angst und vermutlich mit den gleichen biochemischen Abläufen einher gehen wie letztere, liegt es auf der Hand, dass ein Mensch, der häufig unter Schuldgefühlen leidet, ebenfalls eher geneigt ist, zu einem Suchtmittel zu greifen, um diese unangenehmen Gefühle loszuwerden, als einer, der weniger von Schuldgefühlen geplagt ist. Als Ausweichmöglichkeit vor diesem Druck bietet sich also auch hier wiederum die Flucht in die Sucht an.

Es ist deshalb nicht nur die Erziehung durch Angst, sondern auch die Erziehung durch Schuld, welche die Gefahr zur Suchtbildung für Jugendliche, aber auch für Erwachsene erhöhen kann.

Soziale Ursachen

Da wir Sucht unter Fluchtverhalten einreihen, versuchen wir uns im folgenden allgemeine Gedanken darüber zu machen, wovor die Jugendlichen in der heutigen Gesellschaft auf der Flucht sein können. Diese Frage sollten sich nicht nur Eltern, sondern auch Lehrer, Lehrmeister und Politiker stellen, kurz diejenigen, die etwas mit dem Erziehungswesen zu tun haben. Verschiedene gesellschaftliche Faktoren müssen die heutige Jugend vermehrt unter Druck setzen, dass sie so häufig die Flucht in die Sucht ergreifen muss. Druck erleben junge Menschen sowohl im Elternhaus, in der Schule wie auch am Arbeitsplatz. Druck wird in der Gesellschaft allgemein erzeugt über einen extrem ausgelebten Fortschritts- und Ordnungsgedanken, der allein auf willensgesteuerte menschliche Handlungen ausgerichtet ist und somit den heranwachsenden Jugendlichen stark einengt und einseitig beeinflusst. Dies verhindert wiederum die natürliche Lebenskraft und individuelle Lebensbewältigungsstrategie massiv.

Die Kleinfamilie

Eine allgemein gesellschaftlich verbreitete Drucksituation, die typisch für die heutige Zeit ist, wird erzeugt durch die Kleinfamilie. Je kleiner die Zahl der Kinder, desto mehr steht das einzelne Kind im Blickpunkt, umso weniger kann es sich unter den Geschwistern und im grösseren Familienkreis verstecken und seine Beziehungspartner auswählen. Ein Einzelkind können die Eltern in fast jeder Situation kontrollieren. Auch zwei Kinder haben die Eltern noch gut im Griff. Erst bei dreien wird es etwas schwieriger. Da die meisten Familien aber nur noch ein bis zwei Kinder haben, können sie leicht Kontrolle über ihre Kinder ausüben. Diese elterliche Kontrolle stellt für die Kinder eine dauernde Drucksituation dar und erlaubt ihnen wenig persönlichen Freiraum. Während früher wenig Ehepaare viele Kinder hatten und eher auf dem Lande in Grossfamilien wohnten, haben heute viele Ehepaare wenige Kinder und wohnen in der Regel als Klein-familie in Mietwohnungen in der Stadt oder in Vor-stadtgebieten. Diese Wohnverhältnisse in einer städti-schen Gegend erlauben dem Kinde wenig Raum für frei-en ungefährlichen Auslauf. In all diesen modernen Wohn-situationen leben die Menschen zudem relativ eng zu-sammen mit fremden Familien, im Gegensatz zu früher, da man eng mit seiner eigenen Familie zusammen lebte. Dies führt zu einer zusätzlichen Drucksituation für die Kleinfamilie. Unter verschiedenen sich gegenseitig frem-den Familien ist die Gewöhnung und Toleranz unterein-ander in der Regel nicht so gross wie unter den eigenen Familienmitgliedern. Somit gibt es weniger Freiraum sowohl für den einzelnen Erwachsenen als auch weniger Auslauf- und Entdeckungsmöglichkeiten für die Kinder. Es findet häufig eine dauernde starke gegenseitige sozia-le Kontrolle und Rivalität unter den verschiedenen Fa-milien statt, die sich immer auch auf die Kinder über-trägt. Sie werden eingeschränkt in allem möglichen Ver-halten unter dem Motto: „Was könnten die Nachbarn dazu sagen?"

Eine Möglichkeit, dieser engmaschigen sozialen Kon-trolle zumindest vorübergehend zu entfliehen, ist wie-derum der Griff zum Suchtmittel. Unter der Einwirkung des Suchtmittels fühlt sich der junge Mensch von der Kontrolle nicht mehr in gleichem Masse eingeengt, qua-si etwas freier von der Umwelt, alles ist einem gleichgül-tiger. Dass er schlussendlich durch die Abhängigkeit vom Suchtmittel noch viel mehr eingeengt wird, zwar nicht mehr durch Personen, sondern nur noch durch chemi-sche Substanzen, dies realisiert er vorderhand nicht.

Die überforderte Mutter

Ein weiterer, wichtiger gesellschaftlicher Faktor in der heutigen Zeit ist die besondere Bedeutung, die man in diesem Jahrhundert der Mutterrolle zugeschrieben hat. Durch die neuen Erkenntnisse über die Mutter-Kind-Beziehung aus der Psychoanalyse wurde die Rolle der Mutter genauer unter die Lupe genommen. Man hat die Ursachen von psychischen Fehlentwicklungen der Kinder im Verhalten der Mutter gesucht und daraus Vorstellungen entwickelt über ideales Mutterverhalten. Die Mutter kam dadurch in ihrer Rolle unter stärkeren Erfolgszwang. Eine Mutter von heute steht sehr viel mehr unter dem Bewusstsein, eine gute Mutter sein zu müssen als eine Mutter von früher, die sich noch eher auf ihre natürlichen, unbewussten Mutterinstinkte verlassen konnte. Zudem ist die Mutter von heute meist allein gelassen mit ihrer Aufgabe und die Kinder sind ausschliesslich auf sie angewiesen. Solange die Kinder in einer Grossfamilie auf dem Land aufwuchsen, hatten sie häufig mehrere mütterliche Bezugspersonen, auf die sie in Konfliktsituationen ausweichen konnten. Sie waren also lange nicht im gleichen Masse ausschliesslich von ihrer Mutter und deren Gefühlszustand abhängig wie heute. Mit der Entwicklung der typischen städtischen Kleinfamilie bleiben den Kindern nicht nur weniger räumliche Ausweichmöglichkeiten, sondern auch auf Beziehungsebene sind sie vermehrt eingeschränkt auf eine einzige Bezugsperson, die Mutter. Diese eingeschränkten Verhältnisse der typischen Kleinfamilie stellen einerseits eine enorme Belastung für die Mutter dar und können sich andererseits verheerend auf die gesunde Entfaltung der Kinder auswirken. Durch die ausschliessliche Erzieherrolle, die der Mutter zukommt, vermehrt sich ihr Leistungsdruck, ein Druck, den sie dann ihrerseits meist ungefiltert an die Kinder weitergibt.

Dieser Leistungsdruck, der bis heute noch vor allem auf der Mutter lastet, wird durch das Überangebot an Büchern über ideale Kindererziehung noch verschärft. Eltern, die ihre Erzieherrolle besonders ernst nehmen und gewissenhaft angehen wollen, kaufen und lesen viele dieser wissenschaftlichen Ratgeber. Kommen sie in schwierige Situationen, versuchen sie es nach dem Buchstaben recht zu machen. Die Mutter ist dabei meist die Ausführende. Die Eltern sind voll von theoretischen Kenntnissen, die sie auf die praktische Situation anzuwenden versuchen. Da in einem Buch aber niemals alle möglichen Lebenssituationen aufgezählt und die entsprechenden Ratschläge dazu angegeben werden können, fehlt häufig die Beschreibung der Situation, in der sie sich gerade selbst befinden. Um dennoch Hilfe aus dem Buch zu erhalten, müssen sie versuchen, sich der einen oder andern beschriebenen Situation anzupassen, was sich sehr schlecht auf die gegebene Problemsituation auswirken kann. Dazu kommt, dass viele Mütter heutzutage einen relativ hohen intellektuellen Bildungsstand haben und dadurch gewohnt sind, sich auf die Meinung von Fachleuten auszurichten. Gleichzeitig haben sie aber leider häufig die Fähigkeit, nach eigenem Gutdünken, nach eigenem Mutterinstinkt zu handeln, weitgehend verloren oder doch zumindest unterdrückt. Diese starke Ausrichtung auf intellektuelle Entscheide unter Zuzug von Fachleuten in erzieherischen Fragen kann dazu führen, dass sich Mütter sogar verschiedenen, divergierenden Expertenmeinungen aussetzen. Dies kann sie in ihrer eigenen Entscheidungsfähigkeit sehr hemmen, im schlimmsten Falle sogar ganz blockieren, eine der schlimmsten Situationen im Leben sowohl des Erziehers als auch des Kindes.

Aus Fehlern kann man lernen

Dieses Sich-Drücken vor einem eigenen erzieherischen Entscheid aus Angst, man könnte falsch entscheiden, ist schlimmer als ein sogenannter Fehlentscheid. Jeder erzieherische Entscheid hat Vor- und Nachteile und dementsprechende Konsequenzen. Es gibt im strengsten Sinne im Leben gar keine absolut richtigen bzw. falschen Entscheidungen. Leben reagiert auf alle Entscheidungen mit einer sinnvollen, d.h. mit einer Anpassungsreaktion.

Damit sich das Leben des Kindes weiter entwickeln kann, braucht es Entscheide. Entscheidungsstillstand bringt Lebensstillstand mit sich. Das Ausbleiben von Entscheidungen der Eltern über längere Zeit bringt Entwicklungsstillstand für das Kind, eine denkbar ungünstige Situation.

Ein solcher Entscheidungsstillstand kann auch dadurch ausgelöst werden, dass die beiden Eltern in einen endlosen Wettstreit von zwei sich widersprechenden Expertenmeinungen verwickelt sind. Dieser Wettstreit verhindert ebenfalls den erzieherischen Entscheidungsprozess beider Elternteile und beeinträchtigt somit die Entwicklung ihrer Kinder in starkem Masse.

Sowohl der Leistungsdruck, unter dem die Mutter in der heutigen Zeit steht und die daraus entstehende Entscheidungsunfähigkeit als auch der Wettkampf unter den beiden Eltern um die sogenannt richtige Erziehung, wirken sich negativ auf eine gesunde Entwicklung des Kindes aus und können später zur Entstehung einer Sucht beitragen.

Der ewige Fortschrittsglaube

Ein weiterer Druck, den das Elternhaus erzeugen kann, ist das Aufwärtsstreben der Eltern in bezug auf schulische und berufliche Leistung. Die meisten Eltern haben die ehrenwerte Absicht, ihrem Kinde zumindest den gleichen, wenn nicht einen höheren Lebens- und Bildungsstandard zu ermöglichen, als sie ihn selbst hatten als Kinder. Sie empfinden es als Verlust, respektive als Niederlage, wenn ihr Kind sich mit einem tieferen Ausbildungs- und/oder Einkommensniveau zufrieden gibt als sie es selbst besitzen. Eine solche Haltung ihrer Kinder wird für die Erzieher als Misserfolg verbucht. Geht eine Familie von einem relativ niedrigen Lebensstandard aus, so ist ein Aufstieg leichter zu erreichen, als wenn sie schon zum oberen Mittelstand oder gar zur Oberschicht gehört. Ein Kind der Oberschicht hat es deshalb viel schwerer, die Aufstiegserwartungen der Eltern zu erfüllen, als ein Kind der Unterschicht. Je höher der Stand der Eltern ist, umso schwieriger wird es für die Kinder, den Stand zu erhalten, geschweige denn, noch zu verbessern. Diese schwer zu erfüllende Erwartungshaltung der Eltern in bezug auf Aufstieg können ebenfalls eine Drucksituation für den jungen Menschen von heute darstellen, gegen welchen er dann häufig mit Leistungsverweigerung ankämpft. Der Drogenkonsum bietet in diesem Falle ein willkommenes Hilfsmittel an bei der Verwirklichung dieses Ziels. Dies mag miterklären, weshalb es so viele drogensüchtige Jugendliche aus der Mittel- und Oberschicht gibt.

Die Schulung als gesellschaftlicher Druck

Neben dem Elternhaus ist die Schule ein wichtiges Umfeld für das Kind. Zwischen dem 7. und 16. Lebensjahr verbringt es einen grossen Teil seiner Zeit in der Schule. Absolviert der Jugendliche eine höhere Ausbildung und besucht später sogar eine Universität, steht er bis weit ins Erwachsenenalter hinein unter dem Einfluss von Ausbildungsinstitutionen. Diese Ausbildungsinstitutionen können deshalb ebenfalls für gewisse Belastungsfaktoren, denen der junge Mensch von heute ausgesetzt ist, verantwortlich gemacht werden. Das Wissen vermehrt sich laufend auf allen Gebieten und jeder Lehrer versucht, möglichst viel seines Fachwissens an die Schüler weiterzugeben. Sowohl Fachlehrer als auch Professoren stehen unter diesem Zwang der Wissensvermittlung. Schulische Lehrpläne als auch Studiengänge werden dadurch immer mehr überfrachtet. Theoretisch kennen viele Wissensvermittler dieses Problem und sind sich sogar einig darüber, dass die Lehrpläne und Studiengänge entlastet werden sollten. Geht es jedoch an die Praxis, so beharrt jeder Lehrer und Professor darauf, dass sein Fach besonders wichtig sei, und dass das von ihm zu vermittelnde Wissen keinesfalls geschmälert werden könne. Das Schulkind oder der Student muss sich dann selbst zurecht finden in der Überfülle von Wissensvermittlung. Der Lehrstoff nimmt also laufend zu, nicht aber die Speicherkapazität des menschlichen Gehirns, und somit muss früher oder später unweigerlich eine Überforderungssituation für den lernenden Menschen eintreten. Aus dieser kann er sich nur befreien, indem er den Mut hat, auf eigene Initiative und Verantwortung vom Angebot eine Auswahl zu treffen, bzw. gewissen Stoff aktiv zu verweigern. Viele junge Menschen haben aber den Mut zu dieser aktiven Verweigerungsentscheidung nicht. Sie wählen deshalb eher einen passiven Ausweg über die Flucht in die Sucht. Durch den Drogenkonsum entsteht automatisch eine Leistungsverminderung, die verlangten schulischen oder akademischen Leistungen können nicht mehr erbracht werden, und man wird von der Schule oder Universität ausgeschlossen, ohne diesen Entscheid selbst aktiv getroffen zu haben.

Schulisches Auswahlverfahren

Eine weitere Drucksituation entsteht für die Jugendlichen durch das Ausleseverfahren, das über höhere Schulbildung ins Berufsleben führt. Da heute viel mehr junge Menschen eine höhere Schulbildung anstreben, die höheren Schulen aber nicht alle Kinder aufnehmen können oder wollen, entsteht ein stärkerer Wettkampf bei den Aufnahmeprüfungen unter den Schülern als dies früher der Fall war. Dieser intellektuelle Wettkampf der Schüler wirkt sich auch auf den Lehrer in Form von Erfolgsdruck aus. Ein Grundschullehrer misst in der Regel seinen Erfolg daran, wieviele Kinder er in eine höhere Schule befördern kann. Unter diesem Druck hat er nicht mehr die Möglichkeit, sich den individuellen Fähigkeiten und Neigungen der Kinder zu widmen und diese bei jedem einzelnen entsprechend zu fördern. Er fühlt sich vielmehr gezwungen, alle aufs gleiche Niveau zu bringen. Idealer wäre es, wenn er seinen eigenen Erfolg messen könnte anhand der Anzahl von gesunden, zufriedenen Kindern, die er aus seiner Schule ins Leben entlässt und nicht anhand der Anzahl Kinder, die er einer höheren Schulstufe zugeführt hat.

Leider ist aber dieser gesundheitliche Aspekt für den Lehrer im allgemeinen noch kein Thema, bis nicht das Kind Suchtprobleme, andere gesundheitliche oder verhaltensmässige Störungen aufzeigt. Zu diesem Zeitpunkt ist es dann aber meist schon zu spät, als dass er das Kind mit seinen Massnahmen noch auffangen könnte. Das Kind muss dann meist an Fachpersonen, wie Schulpsychologen, Kinderpsychiater oder eben Drogenberater weitergegeben werden, oder man wartet ganz einfach, bis das Kind die Schule verlassen hat und somit das Problem aus schulischer Sicht gelöst ist.

Hat der Schüler die Klippe des schulischen Auswahlverfahrens erfolgreich geschafft, führt der intensive Leistungsdruck, dem er danach ausgesetzt ist, nicht selten zu Schlaf- oder anderen nervösen Störungen. Vom Arzt werden diese leider häufig mit suchtbildenden Beruhigungsmitteln behandelt. Will sich der Jugendliche nicht von seinem Arzt behandeln lassen, greift er zur Selbstbehandlung mit illegalen Drogen. Beides kann in eine Suchtbildung ausarten.

Sensationsmache der Massenmedien

Ein weiterer genereller Belastungsfaktor in der heutigen Zeit, der aus dem sozialen Umfeld rührt und sich negativ auf den Jugendlichen auswirken kann, stellt die „Überstimulation" durch die Massenmedien dar. Wir leben in einer Informationsgesellschaft, in welcher man täglich durch Fernsehen, Radio, Tageszeitungen, Illustrierte und Plakate über die neusten Geschehnisse der ganzen Welt informiert wird. Viele Kinder und Jugendliche konsumieren diesen Informationsüberfluss uneingeschränkt zusätzlich zur Wissensvermittlung, die sie in der Schule erhalten. Bei dieser Informationsüberflutung spielt nicht nur der Informationsinhalt, sondern auch die Art der Informationsweitergabe eine wichtige Rolle. Ist sie sensationsartig aufgebaut und konzentriert sie sich an erster Stelle auf negative Informationen in Form von Katastrophen- und Schreckensnachrichten, gegenüber welchen das einzelne Individuum völlig hilflos ausgeliefert ist, da es nichts zur Lösung des Problems beitragen kann, stellt dies eine zusätzliche Belastung für den Empfänger dar. Da sich sensationelle Informationen jedoch besser verkaufen als sachliche Informationen, bauen sozusagen alle Massenmedien auf diesem Verkaufstrick auf. Durch diese Art der Informationsweitergabe werden die Kinder und Jugendlichen vermehrt emotionell aufgeputscht und belastet, ihr Nervensystem wird also nicht nur intellektuell, sondern auch emotionell überfordert. Jugendliche nehmen sich diese Informationen über alle möglichen negativen Geschehnisse aus aller Welt häufig viel mehr zu Herzen, als man annimmt. Sie fühlen sich in der Folge enorm bedrückt durch die allgemeine Ausweglosigkeit der Menschheit, die ihnen über die Medien präsentiert wird, und suchen dann Trost im Befriedigungsgefühl durch die Droge.

Auch ein gegenteiliger Effekt kann auftreten bei der Jugend, nämlich der Effekt der Gewöhnung an diese sensationelle Informationspraxis. Über die Gewöhnung sprechen sie mit der Zeit nur noch auf emotionell beladene Informationen an und lehnen rein sachliche Information als zu langweilig ab. Die emotionell aufgebauschte, gut verkäufliche Information bringt für den Empfänger am meisten Kitzel, aber auch am meisten Stress. Über den Stress wird wiederum die Endorphinausschüttung aktiviert, was zum anschliessenden Genussgefühl führt. Der Informationskonsument von hoch emotionellen sensationellen Informationen wird also stressgewohnt, d.h. gewissermassen stresssüchtig, denn der Stress bringt ihm immer auch Genuss. Diese ständige künstliche emotionelle Aufputschung eines Menschen kann schlussendlich auch wieder nach einer künstlichen Dämpfung rufen. Auch hier bietet sich die Droge wiederum günstig an, da durch sie die künstliche Dämpfung scheinbar leicht und wirksam herbeigeführt werden kann.

Zwang zur schnellen Problemlösung

Ein letzter gesellschaftlicher Faktor, den wir schon im 1. Kapitel unter dem Aspekt der Suchtmittel als schnelle Problemlöser kurz erwähnt haben, ist die allgemein vorherrschende Wertvorstellung, dass möglichst schnelle Erfolge erzielt werden müssen. Man will sofort Resultate sehen, in der Politik, der Wirtschaft, der Medizin und gar in der Wissenschaft. Man hat keine Zeit mehr für langsames Wachstum, langfristige Planungen, langsame Entwicklungs- und langsame Heilungsprozesse. Das Verständnis für solche Prozesse ist dem heutigen westlichen Menschen weitgehend abhanden gekommen. Anstreben von kurzfristigen Erfolgen und Vorteilen führt jedoch langfristig häufig zu Nachteilen. In der Eile werden Fehlplanungen oder Fehlentwicklungen eingeleitet, da die Problemstellung nicht an ihrer Wurzel erfasst und angepackt wird, und man lediglich versucht, die auftauchenden Symptome vorzu mit Feuerwehrübungen zu bekämpfen. Darin lässt sich ein allgemein weit verbreitetes

Verhaltensmuster unserer Gesellschaft erkennen, das der Problemlösungsstrategie eines Süchtigen gleicht: die schnelle Problemlösung, wie wir sie zuvor bei den verschiedenen Suchterklärungsmodellen schon beschrieben haben.

Zusammenfassend können die gesellschaftlichen Ursachefaktoren bei der Suchtentwicklung nochmals wie folgt festgehalten werden. Der zunehmende Druck in der Kleinfamilie mit der Überforderung der Frau in der Mutterrolle, der Drang der Eltern nach Aufstieg und Fortschritt ihrer Kinder, der Druck durch den Zuwachs an Wissensvermittlung in der Schule, der Zwang zu Leistungsfortschritt, der Wettkampf um das Auswahlverfahren und der Zwang zu schnellen Problemlösungen, all diese gesellschaftlichen Faktoren tragen bei zur allgemeinen Überlastungssituation, in welcher sich manche unserer heutigen Jugendlichen befinden. Einige versuchen sich mittels Drogen von diesem Druck zu befreien, ohne zu realisieren, dass sie durch dieses Mittel nur noch mehr unter Druck und in Abhängigkeit geraten, ja eine selbstzerstörerische Problemlösungsstrategie gewählt haben, die es ihnen geradezu verunmöglicht, der Vielfalt und den hohen Ansprüchen des heutigen Lebens jemals gewachsen zu sein. Sie verdammen sich durch ihr Suchtverhalten zu einem auf immer abhängigen Dasein in unserer anforderungsreichen hochentwickelten Gesellschaft. Eine tragisch-ironische Situation, wenn man bedenkt, dass sie im Grunde alle nach Freiheit und Unabhängigkeit streben, wie jeder heranwachsende junge Mensch.

III. ERSCHEINUNGSFORMEN DER SUCHT

Im 2. Kapitel haben wir Faktoren in der Familie, im Schulsystem und in der Gesellschaft aufgezählt, die sich suchtbildend oder suchtfördernd auf Kinder und Jugendliche auswirken können. In diesem Kapitel versuchen wir, anhand von bestimmten Erscheinungsformen der Sucht, das Suchtverhalten und den Umgang damit noch etwas genauer zu beleuchten.

Geborgenheit und Selbständigkeit

Das richtige Mass an Geborgenheit ist allgemein wichtig für eine gesunde Entwicklung eines Menschen. Dabei ist zu beachten, dass man dem Jugendlichen genügend natürliche, seinem Alter entsprechende Geborgenheit anbietet. Diese Geborgenheit sollte nicht darin bestehen, dass Eltern ihre Kinder aus Ängstlichkeit möglichst stark und lange behüten. Gerade diese Art des elterlichen Verhaltens kann das Gegenteil bewirken. Ängstliche Eltern vermitteln kein Geborgenheitsgefühl, sondern fördern allenfalls die Suchtentwicklung jeglicher Art. Wird ein Kind von seinen Eltern bis in die Pubertät durch vielerlei einschränkende und überbehütende Massnahmen sehr stark beschützt, so läuft es grosse Gefahr, als junger Erwachsener nach Ersatzgeborgenheiten zu suchen, sobald es von der kontrollierenden Geborgenheit des Elternhauses weggehen muss. Es erlebt in diesem Augenblick einen plötzlichen Verlust an Geborgenheit, was als Entzug empfunden wird und eine Orientierungslosigkeit und Verunsicherung auslösen kann.

Eine der schwierigsten erzieherischen Aufgaben der Eltern besteht deshalb darin, ihre Kinder zum rechten

Zeitpunkt aus der elterlichen Geborgenheit zu entlassen. Wichtig dabei ist, dass das Kind nicht zu früh, aber auch nicht zu spät ins selbständige Leben gehen muss bzw. gehen darf. Dieser Zeitpunkt ist für alle Kinder und alle Eltern individuell verschieden, er kann nicht absolut festgelegt, sondern muss den Gegebenheiten entsprechend angepasst werden. Wird ein Kind für seine Verhältnisse zu früh aus dem Nest geworfen, überfordert man es und gefährdet es dadurch. Wird es zu spät aus dem warmen Nest entlassen, das nur noch als Einschränkung wahrgenommen wird, verhindert man seine rechtzeitige Entwicklung zur Selbständigkeit, d.h. es kann wichtige Funktionen im Leben erst zu spät erlernen. Auch dadurch kann es gefährdet werden. Durch die Verzögerung seiner psychosozialen Entwicklung kann eine Fehlentwicklung eingeleitet werden und es ist zusätzlich vermehrt Gefahren ausgesetzt. Sobald es sich in einer Lebenssituation unvorbereitet selbst behaupten muss, fehlt ihm das nötige Rüstzeug, um mit der Situation selbst fertig zu werden. Sowohl zu wenig behütete wie überbehütete Kinder sind deshalb in ihrer gesunden Entwicklung gefährdet und somit auch suchtgefährdet.

Geborgenheit wird demzufolge nicht vermittelt durch ängstlich restriktive Sicherheitsmassnahmen, sondern vielmehr durch die eigene innere Sicherheit, Selbstverständlichkeit und Stabilität der Eltern. Diese Sicherheit der Eltern erlaubt dem Kinde genügend Experimentiermöglichkeit, wirkt über das Elternhaus hinaus und begleitet das Kind wie ein innerer „Schutzengel", so dass es sich in fremden, unvorhergesehenen Situationen ohne Hilfe selbst zurecht findet. Aus einer solchen emotionalen Sicherheit heraus können die Eltern ihre Kinder auch zum rechten Zeitpunkt aus der Behütung des Elternhauses ins selbständige Leben hinaus gehen lassen.

Das persönliche Vorbild

Die Aufgabe der professionellen Erzieher wie Kindergärtner, Lehrer und Lehrmeister in Sachen Geborgenheitsvermittlung und Suchtverhütung besteht darin, dass sie mehr aus ihrer Lebenserfahrung und ihrer eigenen Persönlichkeit schöpfen und sich weniger durch unpersönliche Hilfsmittel unterstützen oder gar ersetzen lassen. Die persönliche Wissensvermittlung aus Erfahrung gibt unserer Ansicht nach viel mehr innere menschliche Sicherheit des Lehrers an die Schüler weiter, als die unpersönliche Wissensvermittlung über Videofilme, Audiocassetten oder Tonbildschauen. Aus diesem Grunde sollten die Lehrer unserer Ansicht nach auch heute in der Zeit der modernen technischen Möglichkeiten einer perfekten Wissensvermittlung ihre persönliche Wissensvermittlung nicht vernachlässigen. Die persönliche Wissensvermittlung ermöglicht dem Schüler eher eine vertiefte Auseinandersetzung mit dem Stoff, da der Lehrer auf Fragen sofort eingehen kann. Durch diese persönliche Auseinandersetzung mit neuer Materie entsteht eine grössere innere Sicherheit im Umgang mit derselben und dadurch auch eine innere Sicherheit ganz generell im Umgang mit neuer Materie.

Die Schulung anhand von persönlicher Lebenserfahrung des Lehrers, sowie die Möglichkeit zur eigenen persönlichen Erfahrung mit entsprechender eigener Entwicklung von Problemlösungsstrategien unter dem Schutz des Lehrers befähigt die Jugendlichen viel mehr, mit neuen Lebenssituationen umzugehen als die reine Wissensvermittlung nach Lehrplan. Durch diese Befähigung zur Entwicklung von eigenen Problemlösungsstrategien in neuen Lebenssituationen entsteht eine innere Sicherheit beim jugendlichen Menschen, welche die Gefahr des

Abgleitens in eine Pseudosicherheit wesentlich verringert.

Die Tablettensucht

Zur Zeit der Jäger und Sammler hat sich der Mensch neben gelegentlichem Fleischkonsum weitgehend von kleinen Nahrungseinheiten wie Nüssen, Beeren, Früchten, Körnern, Wurzeln oder ähnlichem ernährt. Diese Art von Nahrungsaufnahme bedingt, dass eine grosse Quantität von kleinen Einheiten gegessen werden muss, um satt zu werden. Jeder, der schon einmal Kirschen, Beeren oder Nüsse gegessen hat, erinnert sich daran, dass man solchen kleinen Nahrungseinheiten gegenüber eine regelrechte Sucht entwickeln kann. Jede Kirsche ruft nach einer neuen, jedes Nüsschen nach einem weiteren. Man wird süchtig darauf, selbst wenn man zuvor schon ein reichliches Mahl zu sich genommen hat und eigentlich satt ist. Stellen Nüsse oder Beeren jedoch die Hauptnahrung dar, so ist das Suchtverhalten diesen kleinen Nahrungseinheiten gegenüber durchaus sinnvoll, da der Mensch nur auf diese Weise zu der für ihn notwendigen Nahrungsmenge kommen kann.

Was hat dieses Suchtverhalten gegenüber kleinen Nahrungseinheiten nun mit Tablettensucht zu tun? Wir stellen uns die Frage, ob der Mensch Tabletten gegenüber nicht ein ähnliches Suchtverhalten entwickelt wie gegenüber Beeren oder Nüssen? Tabletten sind ebenfalls kleine Einheiten und gleichen Beeren meist in Farbe, Form und Geschmack, sie sind auch klein und süss. Oft werden sie sogar mit künstlichem Beerenaroma versehen.

Was diese „chemischen Beeren" von den natürlichen Beeren jedoch unterscheidet, ist, dass sie anstatt einer hungerstillenden Wirkung viele verschiedene zaubervolle Wirkungen auf Körper und Gemüt haben können. Sie tilgen Schmerzen aller Art, körperliche und seelische; sie machen glücklich, wenn man traurig ist; sie machen mutig, wenn man im tiefsten Innern ein Angsthase ist; sie machen wieder leistungsfähig, wenn man auf dem Hund ist; sie beruhigen, wenn man nervös ist; sie bekämpfen böse Eindringlinge, wenn man geschwächt ist. Sie führen den süssen Schlaf herbei, wenn man schlaflos ist etc. Sie vermögen für fast alle Probleme eine schnelle Lösung anzubieten. Solch schnelle Problemlöser und Zustandsverwandler sind natürlich sehr willkommen.

Wie sollte man da nicht auf diese unauffälligen schnellen Problemlöser bald gewohnheitsmässig zurückgreifen, und aus der Gewohnheit entwickelt sich dann allmählich die Sucht. Trotz dieser Verlockung verfallen nicht alle Menschen diesen süssen, schnellen Problemlösern. Die Frage lässt sich stellen, welche Menschen verfallen der Gewohnheit, Tabletten bei jedem sich bietenden Problem zu konsumieren und welche nehmen Tabletten nur im äussersten Notfall, wie dies für Medikamente eigentlich üblich sein sollte.

Aus den in den vorhergehenden Kapiteln angestellten Überlegungen über Suchtentwicklung kann diese Frage beantwortet werden. Bei der Entwicklung von Tablettensucht spielen ähnliche Ursachen eine Rolle wie bei der Entwicklung von Süchten allgemein. Ein Unterschied zur Drogensucht besteht allenfalls darin, dass die Schwellenangst vor dem Einstieg niedriger ist, da die Tabletten als Suchtsubstanz zu den legalen Medikamenten gehören. Ihre Verwendung in „Eigenverschreibung" anstelle von ärztlicher Verschreibung stellt jedoch ebenfalls einen illegalen Vorgang dar, wenn es sich um rezeptpflichtige Medikamente handelt. Bei der Drogensucht liegen sowohl die Substanz als auch deren Verwendung im illegalen Bereich.

Tablettensucht tritt in der Regel erst im Erwachsenenalter auf und ist häufiger bei Frauen als bei Männern anzutreffen. Frauen, die Tabletten als Lösungsstrategie anwenden, befinden sich wie gesagt immer in einer von ihnen als belastenden und gleichzeitig als unumgänglich empfundenen Lebenssituation. Dies braucht nicht zu bedeuten, dass diese Situation objektiv gesehen tatsächlich unumgänglich ist. Subjektiv wird sie jedoch so erlebt. Frauen, die leicht in sogenannte unumgängliche, sie über längere Zeit belastende Situationen geraten, haben oft ein inadäquates Problemlösungsverhalten.

Entweder können oder dürfen sie die Probleme erst gar nicht wahrnehmen, oder, wenn sie sie wahrnehmen, darf niemand ausserhalb der vier Wände etwas von diesen Problemen wissen. Sie tun also alles, um die Probleme nach aussen zu verbergen und die Fassade zu wahren. Dies bringt es mit sich, dass sie weder Hilfe holen noch angebotene Hilfe akzeptieren können. Durch diese falschen Problemlösungen kommt es allmählich immer mehr zur Problemanhäufung, aus ursprünglich kleinen Problemen werden allmählich grosse, unüberwindbare Berge. In dieser Situation eignen sich Tabletten besonders gut als unauffällige, heimliche Problemlöser, da man sie ganz still und heimlich zu sich nehmen kann, ohne dass die Umwelt etwas davon merkt, und ohne dass man dadurch gegen das Gesetz verstösst. Aus diesem Grund neigen Frauen, die viel auf Gesichtswahrung geben, die grosse Angst davor haben, ihr Gesicht zu verlieren, die ja nicht auffallen oder anstossen möchten, eher zu Tabletten- als zu Alkohol- oder Drogensucht. Beim Drogen-

und Alkoholkonsum fällt es wesentlich schwerer, unbemerkt der Sucht zu frönen als bei der Tablettensucht. Frauen, die Tabletten als Problemlösungsstrategie anwenden, können natürlich auch tatsächlich in ausweglosen Lebenslagen stecken, welche vom Umfeld her bestimmt sind und von der Betroffenen schlecht oder zumindest nur sehr wenig beeinflusst werden können, da sie in einer starken Abhängigkeitsbeziehung zu ihrem Umfeld stehen und die Kraft und die Möglichkeit nicht haben, aus dieser herauszutreten.

Aus dieser Überlegung heraus lässt sich erklären, weshalb mehr Frauen und Jugendliche zur Tablettensucht neigen als Männer. Beide sehen sich in einer relativ machtlosen, in jedem Fall aber untergeordneten gesellschaftlichen Rolle.

Aus dieser Einsicht der Machtlosigkeit heraus ist es oft schwierig, diese Menschen in der therapeutischen Arbeit zur Veränderung zu motivieren. Deshalb ist es immer notwendig, in die Analyse der Suchtentwicklung das Umfeld einzubeziehen. Personen des Umfeldes, wie Partner und Arbeitgeber, die sich in aktiven Positionen befinden, sind beim späteren therapeutischen Vorgehen die hilfreichsten Ressourcen. Es ist jedoch nicht hilfreich, bei diesen Personen Mitleid und Sympathie für den Süchtigen und seine Opferrolle erwirken zu wollen. Sobald der Partner den Süchtigen in einer Opferrolle sieht, empfindet er sich selbst als Schuldigen. Da Schuldgefühle, wie eingangs erwähnt, aber sehr schlecht zu ertragen sind, wehrt er sich dagegen und wälzt den ganzen Druck wieder auf den von ihm abhängigen Süchtigen. Dadurch entsteht eine neue Drucksituation, die das Suchtpotential für den Betroffenen nur noch erhöht.

Sehen die Personen des Umfeldes den Süchtigen hingegen in einer untergeordneten, hilflosen Rolle, so nimmt ihm dies jegliche Kraft weg, sein Leben aktiv in die Hand zu nehmen, was ebenfalls nicht zur Problemlösung beiträgt.

Vorbeugungsmassnahmen

Damit der Anreiz zur Einnahme von Tabletten, dieser süssen, vielversprechenden „chemischen Beeren", nicht mehr so gross wäre, müsste man von den Tablettenherstellern verlangen, nur noch Tabletten herzustellen, die bitter schmecken, wie man dies in früheren Zeiten von einer Medizin erwartet hat. Auch dürften sie nicht mehr in verlockenden Farben angeboten werden, sondern müssten nur weiss und grau sein. Die Zuckerglasur der Dragées sollte ebenfalls weggelassen werden, es sollte nur eine bittere trockene Pille geben. Selbstverständlich müsste auch die Werbung für die Tabletten in Fachzeitschriften eingeschränkt und ersetzt werden durch ganz sachliche Informationsschriften, die in Ärztezeitungen publiziert oder auf Verlangen den Ärzten abgegeben werden könnten.

Vielleicht könnte diese veränderte Präsentation der Tabletten die allgemeine Einstellung in der Gesellschaft gegenüber Tabletten in der Richtung beeinflussen, dass die Einstiegschwelle zur Tablettensucht etwas erhöht würde.

Nicht wirksam und erst noch kostspielig

Unter diesem vorbeugenden Aspekt gegen Tablettensucht ist es wichtig, dass der Arzt eine kritische Haltung gegenüber der Verwendung von Tabletten einnimmt, denn seine fachliche Haltung hat einen nicht zu vernachlässigenden Einfluss auf die Tablettenkonsumfreudigkeit seiner Patienten. Schliesslich sind die meisten Tabletten, die als Suchtmittel verwendet werden, rezeptpflichtig und werden ursprünglich vom Arzt verschrieben. Nimmt sich ein Arzt Zeit für ein Gespräch mit dem Patienten, dann kommt er in vielen Fällen Problemen auf die Spur, die nicht körperlicher Ursache sind, sich aber doch in körperlichen Symptomen zum Ausdruck bringen. Er wird schnell entdecken, dass der Patient Kopfschmerzen oder Rückenschmerzen hat, weil er in einer Lebenskrise steckt, sich überlastet fühlt oder ein Problem hat, das er aus eigener Kraft nicht zu lösen vermag. Dass Tabletten in diesem Moment seine Lebenssituation nicht verändern, versteht sich von selbst. Dennoch wird häufig zu dieser Art von Problemlösung gegriffen, sowohl vom Arzt wie auch vom Patienten, da sie sich als die vermeintlich schnellste geradezu aufdrängt. Im Endeffekt ist in solchen Situationen die chemische Problemlösung überhaupt nicht wirksam und erst noch kostspielig, da sie dazu beiträgt, durch Verdrängen und Zudecken die Lösung der ursächlichen Probleme aufzuschieben. Besonders bei jungen Menschen ist es ganz wichtig, dass sich der Arzt die Zeit nimmt, um den Konflikt, der hinter manchen körperlichen und seelischen Symptomen verborgen ist, herauszufinden und auf entsprechender Ebene anzugehen. Junge Menschen haben noch nicht das gleiche Problembewusstsein wie Erwachsene. Sie können ihre Probleme deshalb auch nicht von sich aus schildern. Man muss ihnen beim Herausfinden ihrer Probleme behilflich sein, eine wichtige und gleichzeitig auch schöne Aufgabe, die ein erfahrener Hausarzt sehr wohl übernehmen kann.

Haschisch und seine Wirkung

Haschisch ist in unseren Breitengraden eine Jugenddroge und wird an erster Stelle von Jugendlichen konsumiert. Rund um den Haschischkonsum hat sich eine Art Jugendkultur entwickelt, die sich in Opposition zur westlichen Leistungsgesellschaft der Erwachsenen stellt. Haschisch wird als bewusstseinserweiternde Droge betrachtet, eine Droge, welche zur Intensivierung der Erlebnisfähigkeit und zur Erhöhung des Glücks- und Freiheitsgefühls führt. Die Vorstellung der Freiheit, die mit Haschisch verbunden wird, kehrt auch im Begriff der „Liberalisierung" wieder.

Die pharmakologische Wirkung des Haschisch geht in erster Linie auf die Substanz THC zurück. Diese Substanz ist fettlöslich und lagert sich deshalb in allen fetthaltigen Geweben des Körpers ab. Da das Gehirn zum grössten Teil aus fetthaltigen Geweben besteht und THC zudem eine psychotrope, d.h. hirnaktive Substanz ist, wirkt sich der Haschischkonsum an erster Stelle auf das Gehirn und alle vom Gehirn her gesteuerten Funktionen aus. Somit findet unter Haschischkonsum eine Reizverarbeitungsstörung im Gehirn statt. Diese Reizverarbeitungsstörung wirkt sich auf sämtliche Wahrnehmungsfunktionen aus in dem Sinne, dass Sinneswahrnehmungen z.T. verstärkt und z.T. verzerrt werden. Der Haschischkonsument erlebt deshalb akustische Reize wie z.B. Musik stärker, oder optische Reize wie z.B. die Wahrnehmung einer Oberflächenstruktur intensiver in all ihren Details. Diese sowohl verstärkte als auch verzerrte Wahrnehmung führt beim geübten Konsumenten zu einem intensivierten Lebensgefühl und einem erhöhten Bewusstseinszustand. Es handelt sich um diese Reizverarbeitungsstörung, die der Haschischkonsument im positiven Sinne als Bewusstseinserweiterung empfindet. Manchmal löst Haschisch auch Angst aus, besonders bei Erstkonsumenten.

Das Empfinden einer erhöhten Erlebnisfähigkeit geht aber nicht mit einer entsprechenden erhöhten Wachsamkeit mit verbesserter Reaktions- und Leistungsfähigkeit des betroffenen Individuums einher. Im Gegenteil, die Reaktionsfähigkeit auf komplexe Anforderungen aus der Umwelt ist herabgesetzt und somit auch die Leistungsfähigkeit. Auch das Kurzzeitgedächtnis und somit die Lernfähigkeit wird wesentlich beeinträchtigt. Im täglichen Bewegungsablauf entstehen Störungen, wenn es sich um komplizierte Reaktionen handelt, in welche die Wahrnehmung mit einbezogen werden muss. So kann es beim Lenken eines Fahrzeuges unter Einfluss von Haschisch vermehrt zu Unfällen kommen, wenn unvorhergesehene Situationen eintreten und Geistesgegenwart des Lenkers erforderlich ist für das richtige Reagieren in unerwarteter Situation.

Durch die Störung des Kurzzeitgedächtnisses beeinträchtigt der Haschischkonsum sämtliche Lernprozesse. Ein Jugendlicher, der regelmässig Haschisch konsumiert, schädigt also seine Intelligenz wesentlich. Ein hochintelligenter Schüler wird zu einem mittelmässigen, ein Durchschnittsschüler zu einem schlechten Schüler. Die natürliche Konsequenz von regelmässigem Haschischkonsum ist in der Praxis deshalb immer eine Verschlechterung der Schulleistung häufig bis hin zum Punkte, da der Schüler wegen ungenügender Leistungen von der Schule gehen muss, d.h. zum Ausstieg gezwungen wird. Die Tragik der Situation ist, dass diese intellektuelle Leistungsschwächung, unter regelmässigem Haschischkonsum, in krassem Gegensatz zum eigenen Empfinden des Konsumenten steht. Sein Empfinden und somit auch sein

Verhalten sind geprägt von einer grossen Selbstüberschätzung. Chronische Haschkonsumenten zeigen häufig übersteigertes Teenagerverhalten, das sich auszeichnet durch Stärkegefühl, Überlegenheit, ein gewisses weltmännisches Auftreten, eine Haltung die zum Ausdruck bringt, „mir kann nichts passieren", „an mich kommt nichts heran", „ich stehe über allem" und nicht zuletzt „ich werde niemals süchtig", „der andere schon, aber ich niemals". Eine Selbstdarstellung, die auf einer totalen eigenen Fehleinschätzung, ja Selbsttäuschung beruht, vermutlich verursacht durch die oben beschriebene Sinnes- und Selbstwahrnehmungsstörung.

Diese erhöhte Selbstdarstellung ist es vermutlich, die den Haschischkonsumenten bei seinen eher unsicheren Kollegen auch so interessant macht, ihm Bewunderung einbringt und ihn sogar zu einer Art Führerfigur werden lässt. In der Tat handelt es sich sowohl bei der Eigenwahrnehmung als auch bei der Fremdwahrnehmung durch die Kollegen um eine grosse Selbst- bzw. Fremdtäuschung von an sich verunsicherten Teenagern, die den Weg ins Erwachsenenleben noch nicht ganz geschafft haben und vielleicht sogar grosse Angst davor haben.

Bei den Eltern bewirkt das übersteigerte Teenagerverhalten des Haschischkonsumenten eine gegenteilige Reaktion zu derjenigen der Kollegen. Sie reagieren eher mit Ablehnung und Verurteilung, da von ihnen diese Aufplusterung als unecht und weltfremd empfunden wird. Diese ablehnende Haltung der Eltern setzt den im Innersten im Grunde genommen unsicheren Jugendlichen unter zusätzlichen Druck und fördert dadurch wiederum seinen Drogenkonsum.

Im schlimmsten Falle kann Haschisch als halluzinogene Droge sogar einen akuten Schizophrenieschub auslösen. Dies ist eine schwere psychische Krankheit, die beim Patienten und seinen Angehörigen grosse Angst auslöst, und auch von Fachpersonen sehr ernst genommen wird, da sie bei einem Drittel aller Fälle einen schweren chronischen Verlauf nehmen kann. Chronische Schizophreniepatienten haben in der Regel auch heute noch ein tragisches Schicksal. Im Bereich des Nervensystems, der die körperlichen Funktionen reguliert, bewirkt Haschisch eine Stressreaktion mit allen dazugehörigen körperlichen Reaktionen wie z.B. Erhöhung der Pulsfrequenz und des Blutdruckes, Schwächung des Immunsystems und daraus resultierende verminderte Abwehr gegen Infektionskrankheiten sowie das vermehrte Wachsen von Krebszellen im eigenen Körper.

Frühzeitige Verdummung und Verblödung

Betrachtet man also die Wirkung von Haschisch durch eine nüchterne gesundheitsorientierte Brille, so entfällt die Verherrlichung dieser Droge. Haschisch ist im Grunde genommen eine Stressdroge, die den allgemein beklagten Stress in unserer Leistungs- und Kommunikationsgesellschaft noch erhöht, indem sie die Reizverarbeitung stört, und dadurch die Leistung des durch unser hektisches Leben ohnehin strapazierten Gehirns vermindert. Regelmässiger Haschischkonsum führt zu einer künstlich erzeugten chronischen Überforderung des Gehirns und bewirkt somit eine frühzeitige Verdummung und Verblödung des Konsumenten, eine Art „Jugend-Alzheimer". Diese Wirkung konnte objektiviert werden anhand von Gehirnuntersuchungen bei chronischen Haschischkonsumenten nach Unfalltod, in Ländern, wo der Haschischkonsum schon seit Generationen zum Lebensstil gehörte. Man hat bei diesen Individuen eine Hirnatrophie, d.h. eine Verminderung der Hirnsubstanz gefunden, die vergleichbar ist mit der Hirnatrophie bei anderen degenerativen Hirnkrankheiten wie eben beim Alzheimer. Bedenkt man die tatsächliche Wirkung des Haschischs auf das Gehirn des Jugendlichen und die darauffolgenden Auswirkungen für sein Leben, so muss festgehalten werden, dass im Grunde genommen eine tragische Irreführung der Jugendlichen stattfindet durch den von vielen so sehr verharmlosten und sogar verherrlichten Konsum dieser Droge. Um so verantwortungsloser erscheint es uns deshalb, wenn erwachsene Bezugspersonen der Jugendlichen wie Lehrer und Sozialtätige dieser Glorifizierung ebenfalls anheimfallen und somit aktiv zu dieser Irreführung unserer Jugend beitragen.

Die Alkoholsucht

Die Alkoholsucht ist eine viel ältere Sucht in unserem Kulturraum als die Drogensucht. Der Alkohol kann im westlich-christlichen Kulturraum als Droge angesehen werden, die früher ausschliesslich in religiösen Ritualen, allmählich jedoch auch in säkularisierten gesellschaftlichen Ritualen verwendet wurde und noch heute wird. Wenn ein Gast ins Haus kommt, offeriert man ihm als Zeichen der Gastfreundschaft einen „Drink". Wenn man einen Geburtstag, eine Taufe, ein bestandenes Examen oder sonst ein Erfolgserlebnis feiert, stösst man mit einem Glas Wein darauf an. Man muss das Ereignis begiessen, wie man sich im Volksmund ausdrückt. Geht man mit Freunden aus und möchte ein gemütliches Beisammensein geniessen, trinkt man eine gute Flasche Wein. Alkohol wird also überall dort eingesetzt, wo es darum geht, wichtige Momente im Leben zu unterstreichen und in der Gemeinschaft zu feiern und zu geniessen. Dieses „Erfolgsmarkierungs- und Genussritual" kann auch individuell gefeiert werden in dem Sinne, dass man sich immer dann ein Glas Wein, Bier oder Schnaps gönnt, wenn man das Gefühl hat, etwas Besonderes geleistet oder eine besondere Belastung auf sich genommen zu haben.

Beim gemeinsamen Konsum von Alkohol unter Männern kann dieser auch dazu verwendet werden, die Männlichkeit unter Beweis zu stellen. Man wetteifert unter Männern, wer der Stärkste ist, wer am meisten Alkohol zu trinken vermag, ohne unter den Tisch zu fallen, ohne die Kontrolle über sich zu verlieren.

Alkohol wird von Menschen in Gesellschaft auch getrunken, um die eigene Verkrampftheit oder Gehemmtheit in der Gemeinschaft zu überwinden. Man trinkt sich eine lockere Stimmung an, um dadurch ein besserer Gesellschafter zu sein und so erst richtig feiern zu können. In diesem Augenblick wird Alkohol nicht mehr nur als soziales Ritual angewandt, sondern schon als persönlicher Problemlöser verwendet.

Der gemeinsame Konsum von Alkohol im Restaurant kann jedoch auch einen Problemkonsum darstellen in dem Sinne, dass man trinkt, weil man sonst alleine wäre, sich einsam und verlassen fühlen würde, weil man traurig ist, weil man sich geärgert hat und den Ärger herunterspülen muss, weil man eine Wut hat und diese nicht ausdrücken kann, oder weil man noch nicht nach Hause zu seiner Frau möchte, da man Angst vor ihrer Kritik hat.

Bei der Entstehung der Alkoholsucht spielen die gleichen Suchtmechanismen eine Rolle, die wir im ersten und zweiten Kapitel aufgezählt haben. Da sich die Alkoholsucht im Gegensatz zur Drogensucht aber häufig erst im Erwachsenenalter voll etabliert hat, nimmt die partnerschaftliche Beziehung eine ganz wichtige Rolle ein. Es lässt sich in der Regel immer ein chronischer Partnerkonflikt feststellen, der in der Anlage schon vor dem Ausbruch der Alkoholkrankheit vorhanden war. Der nicht alkoholsüchtige Partner lässt seinen Alkoholiker-Partner durch feine direkte und indirekte Signale wissen, dass er mit ihm nicht ganz zufrieden ist, dass er aus seiner Sicht alles mögliche falsch macht und seinen Erwartungen nicht ganz entspricht. Diese stillen dauernden Vorwürfe setzen den zu Alkoholsucht Neigenden unter Druck und lösen Schuldgefühle in ihm aus. Er müsste sich eigentlich seinem Partner aktiv stellen oder aus der Situation davonlaufen. Da er dazu aber nicht im Stande ist, greift er zum sozialisierten Suchtmittel Alkohol. In der fortgeschrittenen Phase der Alkoholsucht werden die Schuldgefühle dann auch durch direkte Vorwürfe ausgelöst, was zu einer weiteren Verstärkung der Alkoholsucht führt, wie wir dies ebenfalls im allgemeinen Kapitel der Suchtabläufe beschrieben haben.

Der Alkoholsüchtige steht mit seinem Partner im selben fatalen Teufelskreis, in den alle Süchtigen hineingeraten. Die über den Suchtmittelkonsum angewandte Problemlösungsstrategie schafft vermehrt Probleme mit der nächsten Umwelt bis hin zur gegenseitigen Zerstörung.

Die Geschichte des „Kleinen Prinzen" von Antoine de Saint-Exupéry schildert diesen Teufelskreis sehr schön. Er lässt den Kleinen Prinzen den Trinker fragen: „Warum trinkst du?" Der Trinker antwortet: „Ich trinke, weil ich vergessen möchte". Der Prinz fragt: „Was möchtest du vergessen?", und der Trinker antwortet: „Ich möchte vergessen, dass ich getrunken habe."

Während der Alkoholkonsum als soziales Ritual in unserer Gesellschaft voll akzeptiert ist, ja z.T. sogar ein männlich bewundernswertes Sozialverhalten darstellt, ändert sich die Situation schlagartig im Augenblicke, da ein Mensch zum Problemtrinker wird. Das Trinken von Alkohol mit einhergehendem Kontrollverlust ist sozial nicht mehr akzeptiert. Die Haltung seiner Umwelt ihm und seinem Trinkverhalten gegenüber schlägt plötzlich in Verachtung um. Man betrachtet sein Trinkverhalten als etwas sozial Verwerfliches. Der Trinker wird nicht mehr bewundert, sondern verachtet, abgelehnt und sozial ausgestossen.

Auch in der Familie begegnet man dem Alkoholsüchtigen mit derselben moralisch verurteilenden, ablehnenden Haltung wie in der Gesellschaft. Diese ablehnende Haltung kann noch zusätzlich intensiviert sein, wenn der Partner schon schlechte Erfahrungen mit einem Alkoholsüchtigen in der eigenen Ursprungsfamilie gemacht hat. Hatte z.B. ein Grossvater oder ein Vater viel Elend über die Familie gebracht, indem er alles Geld vertrunken und verspielt und im Rausch dazu noch seine Frau und seine Kinder geschlagen hatte, wird die Person, die aus dieser Familie stammt, mit ihrem alkoholsüchtigen Ehepartner, sei es Frau oder Mann, nicht sehr nachsichtig und geduldig sein. Sie wird vielmehr alles daran setzen, ihren alkoholsüchtigen Partner vom Alkohol abzubringen. Zuerst mit freundlichem Zuspruch, dann leicht irritiert mit ängstlich besorgten Worten, anschliessend mit stark irritierten, ärgerlichen Moralpredigten und schlussendlich mit sarkastisch aggressiven und emotionell vernichtenden Schimpftiraden. Dass all diese Bemühungen, von ängstlich besorgt bis aggressiv vernichtend, dem Süchtigen und somit auch dem Alkoholsüchtigen nicht aus seiner Sucht heraus helfen, sondern sein Suchtverhalten nur noch verstärken, haben wir zuvor schon erklärt. Sowohl die Angst wie auch die Aggression und Ablehnung des Partners wirkt sich nur suchtfördernd aus, insbesondere, da es sich bei den Alkoholikern meist um sehr sensible, feinfühlige Menschen handelt, die schon die feinste Spur der Ablehnung wahrnehmen und wie es zum Süchtigen gehört, wiederum mit Suchtverhalten darauf reagieren. Wir finden den typischen Teufelskreis vor.

Die letzte Konsequenz, die der Ehepartner eines Alkoholsüchtigen meistens zieht, ist die Drohung mit Ausstossung aus der Beziehung, d.h. Scheidung. Dies löst massive Existenzangst im Alkoholsüchtigen aus, da es sich bei ihm in der Regel um eine abhängige Persönlichkeit handelt und er deshalb in einer starken Abhängigkeit zum Partner steht, auch wenn diese Abhängigkeit niemals eingestanden wird. Vielleicht vermag er in diesem Augenblick sein Trinkverhalten für kurze Zeit unter Kontrolle zu bringen, um seinem Partner den guten Willen zu demonstrieren. Auf lange Sicht löst aber diese Drohung mit Beziehungsabbruch nur eine Intensivierung des ehelichen Konflikts aus, die Situation wird explosiv und gefährlich. Es kann unter Umständen zu Morddrohungen, Selbstmorddrohungen oder anderen Arten von Gewaltandrohung kommen, ja in manchen Fällen sogar zur Umsetzung in die Tat. Auch schon feinere Arten des Liebesentzuges in der Beziehung können zu Gewalttaten von Seiten des Süchtigen führen. Deshalb ist es wichtig, dass solche Gewaltandrohungen ernst genommen und als Signal grösster Verzweiflung interpretiert werden.

Sowohl der Alkoholsüchtige als auch sein Partner sind verzweifelt, sie leiden beide gleichermassen. Leider besteht in der Umwelt jedoch die Tendenz, den Süchtigen als den Bösewicht zu verurteilen und den nicht-süchtigen Partner als das arme Opfer zu bemitleiden. Beide

Partner sind auf ihre Weise abwechslungsweise als Opfer und Täter hilflos gefangen in einem mörderisch destruktiven Teufelskreis. Partei zu beziehen in dieser Situation ist für die Lösung des Problems nicht hilfreich, sondern nur gefährlich, da diese einseitige Parteinahme den Konflikt noch explosiver macht. Deshalb Hände weg von voreiligen Einmischungen in solche „Alkohol-Ehekonflikte." Hier braucht es Hilfestellung durch erfahrene Fachpersonen.

Die Nikotinsucht

Nikotin stellt neben Alkohol eine weitere sozial akzeptierte Droge in unserer Gesellschaft dar. Im Gegensatz zum Alkohol wurde Nikotin in unseren Breitengraden nie in religiösen Ritualen verwendet, sondern wurde nur immer in profanen gesellschaftlichen Situationen oder individuell angewandt. Der Nikotinsüchtige wird auch niemals sozial disqualifiziert wie der Alkoholsüchtige, auch wenn er noch so viele Zigaretten raucht pro Tag. Dies rührt vermutlich daher, dass der Nikotinsüchtige niemals einen Kontrollverlust aufweist, wie dies beim Alkoholsüchtigen der Fall ist. Das individuelle Verhalten eines Menschen verändert sich nicht wesentlich unter dem Einfluss des Nikotins, da es keine Bewusstseinsveränderungen mit sich bringt. Aus diesem Grunde wurde Nikotin wahrscheinlich auch nie als religiöse Droge verwendet. Es verändert lediglich den Gesundheitszustand, was jedoch sozial nicht unmittelbar sichtbar wird. Nikotin ist die am weitesten verbreitete sozialisierte Droge neben Kaffee.

Im folgenden betrachten wir deshalb kurz, welche Funktion das Rauchen von Nikotin in den verschiedenen sozialen Lebenssituationen eines Menschen einnehmen kann.

Der Jugendliche beginnt Zigaretten zu rauchen, weil er sich dadurch erwachsener vorkommt, es gibt ihm das Gefühl, dass er zur Gesellschaft der Erwachsenen gehört. Speziell Jugendliche, die sich von der Erwachsenenwelt zu sehr unterdrückt und benachteiligt fühlen, neigen dazu, sich die Gewohnheiten der Erwachsenen, wie Rauchen und Trinken, zu einem verfrühten Zeitpunkt anzueignen. Durch die Imitation des sozialen Verhaltens der Erwachsenen fühlen sie sich mehr auf gleicher Ebene und dadurch weniger unterlegen. Unter Gleichaltrigen wird der rauchende Jugendliche häufig bewundert und als sogenannt „cool" und „lässig" angesehen, da er sich im Sozialverhalten der Erwachsenen schon auskennt.

Das Zigarettenrauchen kann von Jugendlichen und von jungen Erwachsenen auch als Kontaktverhalten oder Überbrückungsverhalten angewandt werden in neuen sozialen Situationen. Ist man z.B. auf einer Party und kennt fast keinen Menschen, so zündet man sich eine Zigarette an. Man hat dadurch etwas zu tun und kommt sich nicht mehr so verloren vor. Möchte man als Junge gern Kontakt mit einem Mädchen anknüpfen und man weiss nicht recht, was sagen, so kann man ihr einfach eine Zigarette anbieten und der Kontakt ist auf eine unverbindliche Art geknüpft. Auch wenn sie Nichtraucherin ist und ablehnt, ist das Eis gebrochen. Auf einer Bahnfahrt, bei welcher man auf relativ engem Raum mit fremden Menschen zusammensitzt, lässt sich durch das Anbieten einer Zigarette leicht Kontakt herstellen und das enge Beisammensein mit Unbekannten etwas entspannen. Die Zigarette stellt also ein sozial verbindendes Element dar. Das Zigarettenrauchen wird zur sozialen Gewohnheit, man raucht in Gesellschaft.

Sobald das Zigarettenrauchen aber nicht mehr nur in Gesellschaft geschieht, als soziale Konvention, sondern beim Jugendlichen wie beim Erwachsenen zur individuellen Gewohnheit wird, besteht die Gefahr der Suchtbildung. Man raucht dann nicht mehr nur in Gesellschaft, sondern auch, wenn man alleine ist, aber vielleicht gerne Gesellschaft hätte. Wenn man geistig hart arbeiten muss, wie bei einer Vorbereitung auf eine Prüfung, oder wenn man eine schwierige Arbeit zu erledigen hat, stellt das Rauchen einer Zigarette eine angenehme Abwechslung dar, symbolisiert eine Pause oder wird als Belohnung für die harte Arbeit verwendet. Auch als Abreaktion, wenn man sich aus irgendwelchen Gründen stark gestresst fühlt, greift man zur Zigarette als vorübergehende Entspannung. Wenn man eine grosse Anstrengung erfolgreich hinter sich gebracht hat, belohnt man sich mit einer Zigarette, vergleichbar mit der Verwendung des Alkohols zum Feiern eines wichtigen Momentes. Bei all diesen Gelegenheiten hat der Raucher einen guten Grund, sich eine Zigarette anzuzünden. Einmal aus Langeweile, einmal aus Zerstreuung, einmal zur Beruhigung und einmal als Belohnung. Da all diese verschiedenen Momente im normalen Leben relativ häufig vorkommen, hat man als rauchendes Individuum auch häufig einen Grund, eine Zigarette zu rauchen und so wird aus der Gewohnheit sehr bald eine Sucht. Alle Zigarettenreklamen setzen genau auf dieser psychologischen Ebene an, indem sie eine dieser obengenannten sozialen oder individuellen Situationen zeigen, in welchen die verschiedenen Zigarettenmarken als Happy-End oder Glücksbringer angeboten werden.

Sobald das Rauchen Suchtcharakter angenommen hat, kann es in sozialen Beziehungen genau zum Gegenteil eingesetzt werden als wie es ursprünglich gebraucht wurde, und zwar als sozialer Distanzierungseffekt. Eine Mutter, die sich von all den Bedürfnissen und Wünschen ihres kleinen Kindes überfordert fühlt, greift zur Zigarette, um etwas Distanz zu gewinnen von ihrem Kind. Ein Tanzpartner, der sich von seiner Partnerin etwas gelangweilt fühlt, greift noch zusätzlich zu einer Zigarette, um sich nicht zu ärgern. Das gleiche bei Gesprächspartnern, geschäftlich oder freundschaftlich, wenn man sich irgendwie in die Enge gedrängt fühlt, zündet man sich eine Zigarette an und gewinnt dadurch wieder Zeit und Distanz.

Obwohl der Mensch als starker Nikotinraucher in der Gesellschaft nicht wesentlich negativ auffällt und deshalb auch keineswegs diskriminiert wird, stellt er doch eine erhebliche Gefahr für seine eigene Gesundheit dar und über das Passivrauchen auch für sein näheres Umfeld und ist somit eine nicht zu unterschätzende Belastung für die von der Allgemeinheit finanzierten Krankenkassen.

Ausserdem kann das Zigarettenrauchen bei Jugendlichen häufig den Einstieg zum Haschischrauchen vorbahnen und somit auch den Umstieg auf weitere Drogen erleichtern um nicht zu sagen anbahnen. Zigaretten rauchen ist also weniger harmlos für Jugendliche als man dies auf den ersten Anhieb annehmen würde. Die Problematik des Zigarettenrauchens sollte demzufolge in den Schulen als Pflichtfach behandelt werden.

IV. FAMILIE, SCHULE UND GESELLSCHAFT

Ein familiärer Teufelskreis

Die Entwicklung der Drogensucht, d.h. Abhängigkeit von allen illegalen Substanzen, unterscheidet sich in ihrer Ursache nicht wesentlich von den übrigen Süchten. Die Drogensucht grenzt sich lediglich dadurch von den übrigen Süchten ab, dass der Handel und Gebrauch der Suchtsubstanz illegal ist. Jugendliche, die zu einer „Droge" als Suchtmittel greifen, schädigen deshalb nicht nur ihre Gesundheit, sie verstossen auch noch gegen das Gesetz, sie werden straffällig. Ein Grund, weshalb Jugendliche eher zu einer „Droge" und nicht einem anderen legalen Suchtmittel greifen, liegt vielleicht darin, dass sie gegen die Autorität vorgehen und somit auch gegen das Gesetz als Repräsentant der Autorität verstossen wollen.

Der Verstoss gegen das Gesetz als Anreiz ist unserer Ansicht nach jedoch nie die Ursache der Suchtentwicklung an sich. Zur eigentlichen Suchtentwicklung braucht es immer noch andere Faktoren. Zusätzlich zu den allgemeinen Regeln der Suchtentwicklung greifen wir im folgenden ein paar Punkte auf, die für die Entwicklung der Drogensucht spezifisch sind.

Jugendliche, die während der Pubertät innerhalb der Familie nicht genügend Möglichkeiten zum Rebellieren erhalten, entweder weil die Eltern jegliche Rebellion sofort unterdrücken oder weil sie bei jeder Auflehnung sofort nachgeben, laufen Gefahr, ihre pubertäre Rebellion ausserhalb der Familie z.B. durch Verstoss gegen das Gesetz ausleben zu müssen. Der Konsum illegaler Drogen stellt eine solche Möglichkeit dar und zwar eine einfache Möglichkeit, die nicht sehr viel Mut erfordert, da Drogen heutzutage sehr leicht erhältlich sind.

Falls die Eltern auf diesen Verstoss ihrer Kinder wiederum entweder mit übertriebener Strafe und Kontrolle oder mit Nachgiebigkeit aber gleichzeitiger Überängstlichkeit reagieren, hat das Verhalten der Kinder nicht seinen Zweck erfüllt. Sowohl die bestrafende Überreaktion als auch die nachgiebig ängstliche Überreaktion der Eltern bietet den Kindern keine Möglichkeit einer gesunden Auseinandersetzung im Sinne des pubertären Rebellierens. Ausserdem werden die Kinder zusätzlich belastet durch die Angst der Eltern. Es besteht dann die Gefahr, dass sie die Droge nicht mehr nur als Rebellionsmittel und aus Neugier verwenden, sondern auch noch als Problemlöser und Schuldbekämpfer einsetzen. Während der einmalige oder gelegentliche Drogenkonsum aus Rebellionsverhalten noch nicht gefährlich ist, da er ja den Zweck des „Gegen-das-Gesetz-verstossen-müssens" sofort erfüllt, wird der Drogenkonsum als Problemlöser und Schuldbekämpfer schon wesentlich gefährlicher, da er den Zweck der Problemlösung und Schuldbekämpfung total verfehlt, sondern im Gegenteil, nur noch zusätzliche Probleme und Schuldgefühle schafft.

Der Jugendliche gerät über seinen Drogenkonsum, zusammen mit seinen Eltern, in den berühmten, eingangs schon viel beschriebenen Teufelskreis. Er verstärkt die schädliche Reaktion der Eltern laufend durch seine Problemlösungsstrategie. Die Eltern ihrerseits halten den Teufelskreis in Gang durch ihr kontrollierendes oder ängstliches Verhalten. Auch versuchen sie meist, den Jugendlichen über Kritik und Moralisieren von seiner Sucht abzuhalten. Die unweigerliche Reaktion des Jugendlichen darauf ist, dass er vermehrt nach dem Suchtmittel greift, denn Stress, Druck, Kontrolle und Schuldgefühle sind ja alles Faktoren, die sich suchtfördernd auf ihn auswirken.

Manche Drogensüchtige können im vertraulichen Gespräch ihre Erlebnis-Seite klar und deutlich schildern. Sie beschreiben genau, wie die enttäuschten, vorwurfsvollen schuldauslösenden Gesichter und kritischen Worte der Eltern häufig gleich wieder den nächsten Absturz einleiten. Die Eltern ihrerseits schildern, wie sie schlaflose Nächte verbringen und wegen ihres drogensüchtigen Kindes so verzweifelt sind, dass sie bald selbst geneigt sind, zu einem Suchtmittel zu greifen, ja dies manchmal auch tun. In der Regel ist es ein legales Suchtmittel wie Medikamente oder Alkohol. Oft unternehmen die Eltern auch grosse Anstrengungen, um den Konflikt, den sie mit ihrem Kinde haben, geheim zu behalten. Sie sind bereit, alle möglichen Bussen für das Kind zu bezahlen, nur damit „die grosse Schande" nicht an die Öffentlichkeit gelangt. Beide, Eltern wie Kinder, leiden extrem unter dem Verhalten des andern und verstärken gleichzeitig mit ihrem Verhalten das Leiden und die Fehlreaktionen des andern. Und beide Parteien sind meist nicht in der Lage, aus diesem Teufelskreis aus eigener Kraft auszubrechen.

Zur Illustration werden wir ein paar typische, häufig auftretende Reaktionen der Eltern von drogensüchtigen Kindern etwas ausführlicher beschreiben. Wenn Eltern erfahren, dass ihr Kind Drogen konsumiert, ist die erste Reaktion in der Regel Entrüstung und Auflehnung in dem Sinne: „Was, in unserer Familie kommt Drogenkonsum vor, das darf doch nicht wahr sein!" Ausgesprochen wird diese Haltung meist eher vom Vater. Er ist es auch, der zur Tat drängt, nach seiner Ansicht muss sofort etwas dagegen unternommen werden. Am meisten auf der Hand liegt, das Kind zur Rechenschaft zu ziehen und ihm nach alter Väter Sitte moralisierend ins Gewissen zu reden. Die Mutter hingegen zeigt häufig eine andere Reaktion, nämlich die der Angst und Besorgnis um das Kind. Entweder fühlt sie sich paralysiert in ihrer Handlung durch den Schock, der die Information ausgelöst hat, oder sie nähert sich dem drogensüchtigen Kinde mit einer mitleidigen Haltung: „Du armes Kind, musste Dir das passieren, was kann ich für Dich tun?" Eine weitere Möglichkeit ist die Haltung: „Wie konntest Du mir das nur antun, habe ich das verdient, nachdem ich so viel für Dich getan habe?!", eine Schuldzuweisung an das Kind, wie wir sie eingangs beschrieben haben. Häufig stellen beide Eltern auch die Frage: „Wer waren die Übeltäter, die Dich zur Droge verführt haben?" Eine Jagd nach dem Bösewicht setzt ein. Der nächste Schritt ist dann, ihrem Kinde jeglichen Kontakt mit den Kollegen zu verbieten, die als Verführer identifiziert wurden.

All diese Reaktionen der Eltern aber sind nicht hilfreich, weder die Moralpredigten des Vaters noch das Mitleid und die Angst der Mutter, noch die Schuldzuweisung an die bösen Kollegen oder an das Kind selbst. Wie wir zuvor dargelegt haben, fördern moralischer Druck, Schuldzuweisung und Angst der Eltern nur das Suchtverhalten beim Kinde. Die Eltern steigen also mit diesem Verhalten unweigerlich in den fatalen Teufelskreis ein, welcher die Sucht verstärkt. Um diese Symptomverstärkung verhindern zu können, sollten sie sich möglichst bald Hilfe bei Fachpersonen holen, die sie bei ihrer elterlichen Funktion in dieser schwierigen Situation unterstützen können.

Kettenreaktion der Konflikte

Holen sie sich aber aus irgendwelchen Gründen keine Hilfe oder finden nicht die geeigneten Fachpersonen, die ihnen Hilfe bieten könnten, so wird der Teufelskreis im gleichen Sinne weiterdrehen. Der Vater redet dem Kind moralisierend ins Gewissen, die Mutter versucht, das Kind über ihre besorgten Gefühle zur Umkehr zu bringen, und das Kind kann aus beiden keinen Nutzen ziehen. Es stösst deshalb die Eltern ganz generell von sich mit der Haltung, „Lasst mich in Ruhe, ich weiss schon, was ich tue". Dadurch verliert es seine für die Entwicklungsstufe noch notwendige Beziehung zu den Eltern. Als Ersatz für die verlorene Beziehung zu den Eltern holt es sich wieder Trost und Unterstützung bei seinen ebenfalls süchtigen Kollegen auf der Gasse. Häufig geraten die verzweifelten Eltern, da sie mit dem Problem nicht weiterkommen, noch miteinander in Konflikt. Jeder Elternteil meint, der andere packe das Problem mit dem drogensüchtigen Kind falsch an, und es ginge alles besser, wenn der andere sich doch endlich belehren und bekehren liesse. Schliesslich machen sie sich sogar so massive Vorwürfe, dass sie sich gegenseitig die Schuld für die Ursache der Drogensucht ihres Kindes zuweisen. Latente eheliche Konflikte, die bis dahin erfolgreich in Schach gehalten werden konnten, werden durch Drogenkinder in starkem Masse aktiviert. Die offen gelegten Ehekonflikte tragen natürlich in dieser akuten Phase auch nichts zur Lösung des Drogenproblems bei, im Gegenteil, die Situation wird dadurch nur noch verschlimmert.

Hält dieser Teufelskreis über längere Zeit an, d.h. bewirken die Eltern mit all ihren Bemühungen nur immer das Gegenteil von dem, was sie eigentlich bezwecken wollen, dann tritt unweigerlich mit der Zeit eine Ermüdungserscheinung auf, meist zuerst beim Vater und später auch bei der Mutter. Die Ermüdungserscheinung bringt mit sich, dass der Elternteil, der erschöpft ist, das Kind aufgibt, abschreibt und von sich stösst. Diese aufgebende Haltung kann nur emotionell zum Ausdruck kommen oder sie kann durch die Ausweisung des Drogenkindes aus dem elterlichen Haushalt ausgedrückt werden. Mit und ohne „Rausschmiss" spürt das Kind die Haltung der Eltern und weiss unbewusst, dass es innerlich fallengelassen wurde. Es verliert dadurch noch mehr Boden unter den Füssen, bekommt Angst und greift in seiner Verzweiflung in einem selbstherrlichen Selbstheilungsversuch vermehrt zur Droge.

Ein grausames Perpetuum mobile

Sobald die Eltern den verschlechterten Zustand des Kindes sehen, kann es passieren, dass sie erneut Schuldgefühle haben und sich Selbstvorwürfe machen. Sie holen das Kind wieder ins Nest zurück, um noch einmal einen Versuch der elterlichen Hilfsaktion zu starten. Die Mutter versucht meist wieder durch gutes Zureden und ein Angebot an Dienstleistungen, der Vater durch strikte Regeln, die als Schutzmassnahme gedacht wird, dem Kinde zu helfen. Da ihre Anstrengungen aber zum wiederholten Male nichts fruchten, das Kind trotz grosser Versprechungen wieder Rückfälle hat, verfallen sie sehr bald wieder in die Ablehnungs- und Ausstossungsreaktion. Solche Pendelbewegungen zwischen extremem Helferwillen und totaler Ablehnung, kann eine Familie x-mal durchlaufen, ein grausames Perpetuum mobile, das kein Ende nehmen will. Die Zyklen können über Monate oder Tage hinweglaufen, nur Stunden dauern, oder sich sogar minütlich in der inneren Zerrissenheit der Eltern abspielen. Da das Verhalten der Eltern in solchen Situationen weitgehend emotional bestimmt ist und Emotionen sehr labil sein können, wird diese Wechselhaftigkeit in der elterlichen Haltung möglich. Die Eltern leiden selbst unter ihrer Wechselhaftigkeit, sie wissen, dass sie sich und dem Kinde damit schaden und keineswegs zu seiner Problemlösung beitragen. Dennoch sind sie nicht in der Lage, dies zu ändern. Es ist nachvollziehbar, dass Eltern in einer solch schrecklichen, nicht absehbaren, chronischen Stresssituation oft keinen anderen Ausweg mehr sehen als einen totalen Beziehungsbruch zum Kinde, oder dass sie sogar den Tod ihres Kindes herbeiwünschen als einzigen ersichtlichen Ausweg aus dem Schrecken ohne Ende. Auch von Seiten des Kindes besteht dann oft der Wunsch, bewusst oder unbewusst, die Erlösung im Tod zu suchen, um dadurch sich und nicht zuletzt auch seine Eltern von der unendlichen Pein, die es ihnen täglich zufügt, endgültig zu befreien. In tragischen Fällen endet das Schicksal des drogensüchtigen Kindes tatsächlich mit dem Tod.

Häufig lassen sich in den Teufelskreis noch viele zusätzliche Helfer hineinziehen, wie Freunde, Hausärzte, Apotheker etc. Diese „Helfer" versuchen, falls sie unerfahren sind, meistens den Süchtigen ebenfalls durch moralisieren, ihm gut zuzureden, emotionellen Druck aufsetzen, ganz ähnlich wie die Eltern, zu einer Verhaltensveränderung zu bringen. Oder sie verhalten sich nach den Regeln des Suchtverhaltens, indem auch sie unter dem massiven Druck der Situation nach schnellen Problemlösungen suchen, Lösungen, die meistens das Suchtproblem nur aufrecht erhalten und sogar verstärken.

Entzug ist nicht lebensgefährlich!

Im ersten Kapitel haben wir die Symptome der Angst kurz beschrieben und die Hypothese aufgestellt, dass ein

Suchtmittel als Angstbekämpfer verwendet werden kann. Beim Absetzen des Suchtmittels, insbesondere der Droge vom Typ Heroin, treten ebenfalls Angstsymptome auf. Drogensüchtige, die im Entzug sind, zeigen nichts anderes als Angstsymptome in verstärktem Masse. Sie haben Herzklopfen, Muskelzittern, Durchfall, Angstschweiss, Panikgefühle und vieles mehr. Obwohl diese Entzugssymptome äusserst unangenehm, ja lebensbedrohlich wirken, sind sie in keiner Weise lebensgefährlich. Dennoch werden sie speziell dann, wenn sie mit Panikgefühl einhergehen, vom Drogensüchtigen wie auch von seinem Umfeld oft als lebensgefährlich eingeschätzt. Man muss sich deshalb nicht wundern, wenn Drogensüchtige, die auf Entzug sind, ihre Umwelt unheimlich unter Druck setzen und alles in Bewegung bringen, um diese unangenehmen, mit starker Angst einhergehenden Entzugssymptome zu beseitigen.

Mit ihren Angstgefühlen mobilisieren sie immer wieder erneut Familie, Freunde, Hausärzte, Apotheker und andere Helfer, so dass diese sich zum Handeln gezwungen fühlen und ihnen zu symptomlindernden Suchtsubstanzen oder Geld verhelfen. Auch Berufspersonen wie Ärzte und Apotheker, die eigentlich wissen sollten, dass der Entzug nicht lebensgefährlich ist, lassen sich stets wieder von den Süchtigen überreden, eine legale Suchtsubstanz zu verschreiben oder direkt auszuhändigen. die Eltern ihrerseits helfen mit Geld aus, damit sich der Süchtige die angstlindernde Substanz wieder beschaffen kann. Sie gehen dabei meist von der Annahme aus, dass sie durch ihre finanzielle Hilfe das Kriminellwerden des Jugendlichen verhindern könnten. Die Drogensüchtigen drohen in der Tat auch häufig damit, dass sie sich die finanziellen Mittel auf kriminellem Wege beschaffen würden, falls ihre Eltern ihnen das Geld nicht herausrückten. Da die

Eltern vor der Straftat ihrer Kinder meist noch mehr Angst haben als vor der Drogensucht, denn die Meinung der Öffentlichkeit spielt eine grosse Rolle für diese Eltern, und ihre Kinder wissen dies genau, lassen sie sich in die Beschaffung des Suchtmittels hineinziehen durch Geldgabe. Eltern wie andere Helfer stehen unter dem Glauben, dass sie dem Süchtigen das Leben retten, wenn sie dem Süchtigen zu Geld oder Suchtsubstanzen verhelfen. Selbst wenn es ihnen bewusst ist, dass der Entzug nicht lebensgefährlich ist, halten Eltern es schlecht aus, in Gelassenheit zuzusehen, wenn ihr Kind leidet. Die betroffenen Familien reagieren verständlicherweise meist mit Verzweiflung und Hilflosigkeit, ganz unabhängig von ihrem Wissensstand. Deshalb ist es sehr wichtig, dass Eltern von süchtigen Kindern sowie Berufsleute, die mit Drogensüchtigen zusammenkommen, sich immer wieder vor Augen halten, dass der Drogenentzug nicht lebensgefährlich ist, auch wenn er noch so dramatisch aussieht und der Süchtige ihn als lebensgefährlich empfindet und sich dementsprechend verhält. Sie müssen sich darüber im klaren sein, dass Entzugssymptome nichts anderes darstellen als ein extremes Angst- und Stresserlebnis, wie es jeder von uns in einer extremen Situation durchmachen kann. Es handelt sich beim Entzug quasi um eine Fehlfunktion des psychischen Warnsystems, eine Art Paranoia des Warnsystems. Es wird Angst subjektiv wahrgenommen, wo gar keine Gefahr ist. Durch diese Angst werden massive Fluchtreaktionen in Gang gesetzt.

Die einzige Ausnahme zum ungefährlichen Entzug stellt der Entzug von Valium dar. Dieser sollte unbedingt unter ärztlicher Kontrolle durchgeführt werden, da er in der Tat gefährlich ist.

Drogensucht in der Schule

Nicht nur die Eltern, sondern auch die Lehrer, Jugendgruppenleiter, Lagerleiter und Lehrmeister werden heutzutage häufig mit dem Drogenproblem konfrontiert und sind deshalb dazu gezwungen, in irgend einer Weise darauf zu reagieren, bzw. dazu Stellung zu nehmen. Auch bei diesen professionellen Erziehern gibt es verschiedene typische Reaktionsweisen, die wir im folgenden ebenfalls kurz beschreiben werden.

Eine erste und einfachste Reaktionsmöglichkeit ist die der Negation, ähnlich der Leugnung oder Verdrängung, der viele Eltern verfallen in der Anfangsphase des Drogenkonsums ihres Kindes. Diese Leugnung kommt dadurch zustande, dass sie von der Haltung ausgehen, dass es an der betreffenden Schule keine Drogenprobleme geben darf, da es sich ja um eine gute Schule handelt, und gute Schulen dieses Problem prinzipiell nicht haben, nach dem Motto, „Was nicht sein darf, nicht sein kann". Dass durch diese Verhaltensweise das Drogenproblem nicht gelöst wird, ist selbstverständlich.

Eine zweite Reaktionsform ist die der Bestrafung durch Ausschluss. Sobald die Tatsache, dass ein oder sogar mehrere Schüler an der Schule Drogen konsumieren, an die allgemeine Öffentlichkeit der Lehrerschaft gelangt und deshalb nicht mehr geleugnet werden kann, werden die Schüler, die erwischt wurden, ausgewiesen oder es wird ihnen mit dem Ausschluss gedroht beim nächsten Erwischen. Da die Suchthandlung – sobald ein Mensch abhängig ist – aber nicht durch Drohung und Angst unterbunden werden kann, im Gegenteil, durch diese eher noch gefördert wird, ist es eine reine Frage der Zeit, bis der Schüler erneut ertappt wird beim Drogenkonsum und folglich von der Schule ausgeschlossen werden muss. Dieser Ausschluss von der Schule und zugleich von einer höheren Schulbildung ist für den drogensüchtigen Jugendlichen ebenfalls nicht hilfreich. Der Ausschluss fördert den betroffenen Jugendlichen allenfalls noch in seiner negativen Laufbahn als Drogensüchtiger, speziell dann, wenn die Eltern mit der Situation ihres Kindes ebenfalls überfordert sind und auch nur mit Verurteilung und Strafe zu reagieren wissen. Für die Schule an sich ist das Problem der Drogensucht zwar momentan gelöst. Dies aber nur bis der nächste Schüler beim Drogenkonsum erwischt wird.

Beide Arten des Umgangs mit dem Drogenproblem kommen einer eigentlichen Verdrängung des Drogenproblems gleich. Das Problem wird so lange geleugnet, bis dies nicht mehr möglich ist und dann wird es sofort durch Ausschluss ausgeklammert. Die verantwortlichen Lehrer oder Erzieher gehen von der Haltung aus, dass es an ihrer Schule keine Drogenprobleme geben darf und falls solche auftauchen, sie alle so schnell als möglich „sozialchirurgisch" entfernt werden müssen durch Ausschluss des betroffenen Schülers von ihrer Schule bzw. ihrer Gruppe, durch Ausgrenzung des Problems an sich.

Die tolerante und liberale Tour ist „in"

Eine dritte Reaktionsweise der Lehrer oder Erzieher ist die, dass sie zwar das Drogenproblem erkennen, auch durchaus wissen, welche Schüler davon betroffen sind, aber nichts dagegen unternehmen aus Angst, sie könnten etwas Falsches tun oder die Gunst und das Vertrauen der Schüler verlieren. Aus dieser Angst heraus nehmen sie dann die Haltung ein, es sei Sache der Eltern oder der Polizei, etwas dagegen zu unternehmen. Diese Haltung der Lehrer erweckt bei den Schülern den Eindruck, der Drogenkonsum sei akzeptiert an dieser Schule und werde ganz allgemein nicht als Problem erachtet. Die Süchtigen fühlen sich durch diese „tolerante" Haltung der Lehrer aber nicht unterstützt, da sie alleine gelassen werden mit ihren persönlichen Problemen, die häufig hinter dem Drogenkonsum stecken. Die Nichtsüchtigen fühlen sich durch diese Haltung nicht geschützt vor dem Einstieg in den Drogenkonsum. Somit ist diese dritte Haltung nicht hilfreich im Umgang mit dem Drogenproblem an Schulen. Dennoch ist sie sehr verbreitet und beliebt, da sie als tolerant und liberal und deshalb modern angesehen wird.

Eine Folge der ersten wie der dritten Handhabung des Drogenproblems an Schulen ist die, dass die drogenkonsumierenden Jugendlichen allmählich in ihrer Leistung so stark abfallen, dass sie sich über kurz oder lang selbst von der Schule ausschliessen, ganz einfach, weil sie unter dem Einfluss der Droge die geistige Leistung nicht mehr erbringen können und somit den notwendigen Notendurchschnitt nicht mehr erreichen. Dies ist tragisch, da alle diese Schüler in der Regel durchaus die intellektuellen Fähigkeiten hätten, eine höhere Schulbildung zu absolvieren. Wegen ihrer persönlichen Probleme, die sie unglücklicherweise über den Drogenkonsum anzugehen bzw. zu verdrängen versuchen, sind sie jedoch nicht mehr in der Lage dazu. Der Ausschluss von der höheren Schulbildung wegen nicht erreichtem Notendurchschnitt stellt dann einen zusätzlichen Stressfaktor für sie dar, verstärkt somit ihre Problemsituation und erhöht die Chance eines Abgleitens in die Drogenkarriere.

Einzelne, engagierte Lehrer versuchen mit den drogenkonsumierenden Schülern ins Gespräch zu kommen.

Häufig entgleitet aber das Gespräch in ähnlicher Weise, wie dies in der Familie geschieht, da sich das Problem ja nicht über eine Diskussion über das Symptom und gutes Zureden lösen lässt.

Als Schlussfolgerung dieser verschiedenen Handhabungsweisen des Drogenproblems an Schulen kann festgehalten werden, dass alle Methoden beim Ausschluss enden, und dass der Ausschluss eines begabten Schülers von der Möglichkeit einer höheren Bildung garantiert sein Drogenproblem nicht löst. Einen möglichen hilfreicheren Umgang mit dem Drogenproblem an Schulen werden wir in den späteren Kapiteln dieses Buches aufzuzeigen versuchen.

Drogensucht in der Gesellschaft

Ähnlich wie sich die Eltern in eine harte und eine weiche Haltung dem Drogenkinde gegenüber aufspalten können, findet diese Polarisierung auch in der Gesellschaft statt.

Die harte Haltung in der Gesellschaft geht in der Regel vom Glauben an die Bestrafung als Abschreckungs- und Erziehungsmethode von Drogensüchtigen aus. Sie besteht darin, dass man härtere Kontrollmassnahmen durch Polizei und Behörden fordert, um den Drogensüchtigen auf den rechten Weg zu weisen und die Gesunden zu schützen. Den noch nicht süchtigen Jugendlichen wird als Präventivmassnahme mehr Leistung abverlangt, man versucht sie dauernd zu beschäftigen, damit sie nicht verweichlichen sollen und keine Zeit haben, auf falsche Ideen zu kommen. In der Familie verbietet man den eige-

nen Kindern möglichst, sich an gewissen Orten aufzuhalten, von denen man weiss, dass dort Drogen gehandelt werden. Was die Drogensüchtigen anbetrifft, verlangt man, dass sie möglichst schnell unter Verschluss
genommen werden, um sie dadurch wieder in ein dro-
genfreies Leben zurückzuführen. Die Legalisierung des
Haschischs wird nicht als gangbare Lösung angesehen.

Fachleute, welche das heute gültige Rechtssystem vertreten müssen wie Polizisten und Juristen und von Berufs wegen mit Drogensüchtigen zu tun haben, nehmen
im allgemeinen diese harte Haltung ein. Familien ohne
„Drogenkinder" neigen ebenfalls zu dieser harten, restrik-
tiven Haltung. Sie versuchen, ihre gesunden Kinder verständlicherweise vor Kontakten zur Drogenszene und vor
drogensüchtigen Kollegen zu schützen. Dies ist nicht
unberechtigt, da in dieser Altersgruppe meist ein starker
Gruppendruck herrscht und deshalb immer eine relativ
grosse „soziale Ansteckungsgefahr" besteht. Das elterliche Verbot betreffs Verkehr mit gewissen Jugendlichen
kann jedoch auch eine gegenteilige Wirkung haben und
rebellisches Verhalten auslösen. Indem die Eltern eine ablehnende bestrafende Haltung gegenüber Drogenabhängigen einnehmen, sehen sich die Kinder dazu veranlasst,
vermehrt die verteidigende Rolle gegenüber ihren drogensüchtigen Kollegen einzunehmen. Dies kann soweit
gehen, dass die Kinder aus Trotz gegen die Eltern und
aus Freundschaft und Loyalität zu den Kollegen ebenfalls Drogen konsumieren.

Diese weiche, tolerierende Haltung geht von der Annahme aus, dass man viel Verständnis für die Drogensüchtigen aufbringen sollte, um sie wieder auf den richtigen Weg zu bringen, da Strafe keine Verhaltensveränderung beim Süchtigen zu bewirken vermag. Man be-
mitleidet sie als Opfer unserer Leistungs- und Konsum-

gesellschaft oder verherrlicht sie gar als Märtyrer und Wegweiser in unserer Gesellschaft und verurteilt letztere schlechthin. Vielleicht bewundert man sie insgeheim sogar als Menschen, die sich gegen die Gesellschaft auflehnen, also etwas tun, das man sich selbst nicht getraut zu tun.

In den verschiedenen Werbetexten und Plakaten für Drogenprävention kommt dieser verherrlichende Aspekt des Drogenkonsumenten bei gleichzeitiger Schuldzuweisung an die Gesellschaft erschreckend zum Ausdruck. Man verwendet das Problem der Drogensucht, um der Gesellschaft eine allgemeine Lektion über Menschlichkeit und menschliches soziales Verhalten zu erteilen. Die polizeilich-juristische Einmischung in das Drogenproblem, bedingt durch das Betäubungsmittelgesetz, lehnt man aus dieser Haltung heraus generell ab. Der gesetzliche Eingriff wird ja ersetzt durch die allgemeine Moral, welche die Gesellschaft schlechthin verändern sollte. Hingegen fordert man eine Legalisierung der weichen Drogen wie Haschisch sowie eine Straffreiheit des Konsumenten von harten Drogen. Man sieht diese Gesetzesänderungen als einen wichtigen Schritt zur Lösung des Drogenproblems an. Man glaubt, dadurch eine Entkriminalisierung des Drogenproblems herbeizuführen, d.h. die Beschaffungskriminalität des Drogensüchtigen verhindern zu können und erhofft sich daraus, das Suchtproblem dadurch besser in den Griff zu bekommen. Man erwartet auch, dass man mit der Legalisierung des Haschischs verhindern kann, dass die Haschkonsumenten auf harte Drogen umsteigen, da dadurch die Märkte der legalen Drogen von denjenigen der illegalen Drogen getrennt werden sollen. Auf politischer Ebene nennt man diese Haltung „Liberalisierung der Drogenpolitik". Ein Grossteil der Drogentherapeuten sowie manche Eltern von Drogensüchtigen nehmen diese „weiche" Haltung ein.

Dass Eltern von Drogensüchtigen und deren Freunde eine solch weiche Handhabung des Drogenproblems bevorzugen, ist aus ihrer ganz persönlichen Erfahrung heraus zu erklären. Sie wollen alles vermeiden, was zu Strafmassnahmen ihrem Kinde gegenüber führt. Erstens wissen sie aus eigener Erfahrung, dass Bestrafung das drogensüchtige Kind nicht unbedingt zur Verhaltensänderung bringt. Ausserdem leiden sie meistens noch mehr unter der Vorstellung, dass ihr Kind gegen das Gesetz verstossen hat als darunter, dass es suchtkrank ist, da wie schon erwähnt, die Meinungen der Öffentlichkeit eine wichtige Rolle spielen. Zudem nehmen sie an, dass auch das Kind unter der gesetzlichen Strafe leiden müsse. Aus ihrer individuellen Situation heraus nehmen sie eine weiche, tolerante Haltung ein. Sie übertragen diese dann auf alle Situationen und vertreten sie deshalb auch auf politischer Ebene. Ihre einzige harte Haltung zielt allenfalls auf die Drogenhändler ab, die nicht süchtig sind.

Die weiche Haltung unter den Drogentherapeuten würden wir aus der relativ hohen Misserfolgsrate in der Behandlung von Drogensüchtigen heraus erklären. Auch in diesem Falle ist es verständlich, dass die Drogentherapeuten einen Ausweg aus ihrer therapeutischen Frustration suchen, indem sie die Ursache des Misserfolgs anderswo als bei sich, d.h. im jetzigen Betäubungsmittelgesetz zu sehen versuchen. Deshalb setzen sie ihre ganze Hoffnung auf eine Lösung des Problems in die Gesetzesänderung, die sogenannte Liberalisierung der Drogenpolitik. Es ist jedoch anzunehmen, dass eine Gesetzesänderung keine Fortschritte in der Suchttherapie mit sich bringen würde. Dies kann und muss jedoch vorderhand nicht bewiesen werden. Ebensowenig kann und muss die Annahme, dass das Drogenproblem über die Gesetzesänderung politisch erfolgreicher gehandhabt werden könnte, zum voraus bewiesen werden.

Polemik statt Problemlösung

Es ist verständlich, dass diese beiden polarisierten Meinungen, die harte Haltung, vertreten durch die Berufsgruppen von Drogensachverständigen wie Justiz und Polizei auf der einen Seite und die weiche Haltung, vertreten durch die Suchttherapeuten auf der anderen Seite, zu massiven Konflikten führen. Diese Konflikte werden nicht selten an der Öffentlichkeit in Form von Podiumsgesprächen oder in polemischen Artikeln in den Medien ausgetragen. Leider zählt dabei meistens nicht die fachlich sachliche Durchdachtheit der Argumente aus der praktischen Erfahrung heraus, sondern viel mehr die bessere Polemik oder Logistik der Argumentatoren. Diejenige Seite, die besser und schlagkräftiger argumentieren kann, setzt sich dann öffentlich durch. Auch Ökonomen, Juristen, Wissenschaftler und Politiker, die an sich beruflich nichts zu tun haben mit Drogenpatienten, werfen sich ins argumentatorische Schlachtfeld des Drogenproblems. Sie stiften durch ihr Engagement eher Verwirrung an, als dass sie zu einer Lösung des Drogenproblems und für eine verbesserte Heilungschance der Suchtkranken etwas beitragen würden.

Unserer Ansicht nach löst sowohl die ausschliesslich harte Haltung wie die ausschliesslich weiche Haltung das Drogenproblem nicht. Die Versteifung auf die eine oder andere Haltung in einer polarisierten Weise und die daraus resultierende gegenseitige Bekämpfung erzeugt nur einen Stillstand in der sozialpolitischen Problemlösung der Drogensucht. Es kommt dadurch auch nicht zu neuen Erkenntnissen.

V. VOM THERAPEUTISCHEN UMGANG MIT SUCHTPATIENTEN

Bis jetzt haben wir die Entwicklung der Sucht, die Reaktion des Umfeldes auf den Süchtigen und das Zustandekommen des zerstörerischen Teufelskreises zwischen Süchtigen und ihren Beziehungsnetzen betrachtet. In diesem Kapitel werden wir ein paar Ratschläge an Eltern, Lehrer und andere Bezugspersonen geben, wie man mit Süchtigen hilfreicher umgehen könnte, so dass man nicht in diesen verderblichen Teufelskreis einsteigt oder möglichst schnell wieder daraus herauskommt. Wie man den Süchtigen über eine eigene Verhaltensänderung vielleicht sogar eine Chance geben könnte, wieder von ihrer Sucht loszukommen.

Bei der Suchtkrankheit stellt sich wie bei jeder chronischen Krankheit die Frage der Früherkennung, d.h. wie merkt man überhaupt frühzeitig, dass ein Kind oder Jugendlicher Drogen nimmt.

Unsere Antwort darauf lautet: Geht man nicht von der Haltung aus, dass es in der eigenen Familie, im eigenen Schulhaus, unter den eigenen Lehrlingen keine Drogenprobleme geben kann, nach dem Prinzip, „Was nicht sein darf, nicht sein kann", merkt man es im Grunde genommen immer, wenn ein Kind regelmässig Drogen zu sich nimmt, d.h. wenn es süchtig ist. Das grösste Problem in bezug auf das Erkennen eines Drogenkindes in der eigenen Familie oder am eigenen Arbeitsplatz ist die Leugnung oder Verdrängung des Drogenproblems an sich. Wir haben früher schon erwähnt, dass mangelnde Problemwahrnehmung innerhalb einer Familie und die daraus folgende mangelnde Kompetenz in Problemlösungsstrategien, die Suchtentwicklung fördern kann. Diese Regel gilt selbstverständlich auch für Familien, in welchen schon ein drogensüchtiges Kind vorkommt. Die wichtigste Aufforderung an Eltern, die ihrem drogensüchtigen oder zumindest gefährdeten Kinde helfen wollen, ist deshalb die

Aufforderung zur Wahrnehmung von Problemen ganz allgemein.

Ein zweiter wichtiger Ratschlag an Eltern von Suchtkranken oder suchtgefährdeten Kindern ist, vom falschen Stolz abzusehen, mit dem Problem alleine fertig werden zu wollen und sich statt dessen fachliche Hilfe zu holen. Viele Eltern schämen sich, dass sie ein drogensüchtiges Kind haben und versuchen, diese Schande vor sich und der Umwelt solange als möglich zu verbergen. Auch dies ist wiederum ein Zeichen dafür, dass das Problem von den Eltern, wenn auch nicht mehr innerhalb der Familie, so doch nach aussen geleugnet wird.

Es muss deshalb mit aller Deutlichkeit darauf hingewiesen werden, dass jene Eltern, die frühzeitig fachliche Hilfe suchen und auch bereit sind, sich helfen zu lassen, ihrem suchtkranken Kinde eine viel grössere Chance geben, wieder von den Drogen loszukommen. Eltern, die hingegen lange zuwarten und erst Hilfe holen, wenn sie selbst schon alles versucht, womöglich sogar einen Grossteil ihrer finanziellen Mittel an die Sucht des Kindes verloren haben, da sie erpressbar waren über ihre Angst, dass das Problem über die sogenannte Beschaffungskriminalität an die Öffentlichkeit gelangen könnte, erweisen ihrem suchtkranken Kind keinen Dienst.

Ein dritter wichtiger Punkt für die Eltern ist zu wissen, dass sie keine Zeit und Energie damit verlieren sollten, ihr Kind für eine Therapie zu motivieren. Selbst wenn das Kind nicht bereit ist, Hilfe anzunehmen, sollten sie für sich selbst eine Beratung aufsuchen, denn Veränderungen im elterlichen Verhalten können laut unseren Erfahrungen dem Kinde mehr helfen als irgend eine Therapie für das Kind selbst.

Ein Drogenabhängiger ist in der frühen Phase seiner Abhängigkeit in der Regel ohnehin nicht bereit, Hilfe zu akzeptieren, da er ja keine Problemwahrnehmung hat, resp. seine persönlichen Probleme vorzu mittels Drogen überdeckt und der Konsum an sich für ihn kein Problem darstellt. Ausserdem haben Teenager meist sowieso keine klare psychisch formulierbare Problemwahrnehmung und sind somit auch nicht in der Lage, diese selbst zu beeinflussen, wie man dies von erwachsenen Menschen erwarten kann. Sie sind in ihrer psychischen Problembewältigung noch weitgehend von ihrer engen Umwelt abhängig, auch wenn sie diese Tatsache meist nicht wahrhaben wollen.

Genau aus diesem Grunde lässt sich die Drogensucht eines Jugendlichen in der Frühphase sehr wohl nur von der Seite der Eltern her angehen. Das setzt jedoch voraus, dass die Eltern sich frühzeitig Hilfe holen. Der Jugendliche braucht in der Frühphase seiner Suchtkrankheit also nicht unbedingt für eine Therapie motiviert zu werden. Die Eltern können das Problem sehr wohl selbst angehen, sie sind nicht von ihrem nicht zu motivierenden Kinde abhängig. Zudem hat das Kind ohnehin eine hierarchisch tiefer gestellte Position im Familiensystem, so dass grundsätzlich jeder therapeutische Eingriff am Kinde eine weniger grosse Wirkung hat als derjenige, der bei einer hierarchisch höher gestellten Person ansetzt. Eltern sollten sich also durch die Tatsache, dass ihr Kind nicht in eine Therapie gehen möchte, nicht davon abhalten lassen, selbst etwas zu unternehmen. Es ist in jedem Falle sinnvoll, dass sie die Beratung einer kompetenten Fachperson aufsuchen, die Erfahrung hat in der Beratung von Familien mit Suchtproblemen, selbst wenn das Kind sogar schon zu einem Therapeuten geht.

Sobald die Eltern beschlossen haben, einen Therapeuten zuzuziehen, ist es sehr wichtig, dass sie nicht mit falschen Erwartungen zum Therapeuten gehen. Es wäre nämlich verfehlt, vom Therapeuten zu erwarten, er könne das Drogenproblem ihres Kindes lösen wie man einen Defekt an einem Auto flickt oder ein chirurgisches Problem repariert. Der Therapeut kann Eltern von drogenabhängigen Kindern immer nur dann behilflich sein, wenn auch sie bereit sind mitzuarbeiten. Damit eine fruchtbare Zusammenarbeit möglich wird, ist es ganz wichtig, dass sie bereit sind zu lernen, an ihrem Verhalten etwas zu verändern und nicht in der Vorstellung verharren, allein das Kind als Symptom- und Krankheitsträger müsse sich ändern. Nur durch die Veränderung des eigenen Verhaltens im Umgang mit dem drogensüchtigen Kinde haben sie nachhaltigen Einfluss auf dasselbe und sein Suchtverhalten. Als Eltern etwas neues lernen zu müssen, ist nicht immer leicht, besonders dann, wenn man die Aufforderung zum Umlernen mit dem Gefühl der Schuld verbindet, man habe vorher alles falsch gemacht. Dieses Gefühl, alles falsch gemacht zu haben, dieses nagende Schuldgefühl hindert Eltern sehr oft am Lernen. Sie versuchen dann meist, dem Therapeuten zu beweisen, dass sie nicht an allem „schuldig" seien, dass ihr Kind die meiste Schuld, resp. Verantwortung für sein Verhalten selbst trage. Schliesslich sei es ja schon fast volljährig. Mit dieser Haltung können sie sich in endlose Diskussionen und Machtkämpfe mit dem Therapeuten verstricken. Obwohl dieses Verhalten sehr wohl einfühlbar und durchaus verständlich ist, helfen sie dadurch aber weder sich selbst noch ihrem Kinde, sondern verbrauchen nur unnötigerweise positiv motivierte Energie des Therapeuten.

Nochmals: Aus Fehlern lernen

Alle Eltern wollen nur das Beste für ihre Kinder und versuchen auch nach bestem Wissen und Gewissen zu handeln. Alle Eltern machen sog. „Fehler", auch wenn ihre Kinder nie offensichtliche Probleme haben. Alle Eltern haben ihre Elternrolle nicht selbst erlernt, sondern von den eigenen Eltern gelernt und von ihnen mehr oder weniger hilfreiche Verhaltensmuster übernommen. Ein Verhaltensmuster, das in früheren Zeiten in einer bestimmten Situation hilfreich war, kann heute in einer anderen Situation nicht mehr so hilfreich sein, ja sogar als Fehler gewertet werden. Aus Fehlern kann man aber lernen, es ist absolut keine Schande, im Leben Fehler zu machen. Es ist aber eine markante Einschränkung der eigenen Entwicklungsfähigkeit, wenn man Fehler zu verbergen versucht und sich so der Möglichkeit beraubt, aus Fehlern zu lernen. Alle natürlichen Organismen, inkl. Mensch, sind unglaublich anpassungsfähig auf Störungen, man kann als Eltern enorm viele sog. „Fehler" machen und dennoch überlebt sie das Kind und gedeiht sogar. Lebendige Organismen sind äusserst regenerationsfähig. Man sollte deshalb auch der eigenen Familie als lebendigem Organismus die Chance geben, aus Fehlern und sogar Fehlentwicklungen zu lernen und wieder zu regenerieren. Aus dieser Einsicht heraus sollte man sich als Eltern eines drogensüchtigen Kindes ebenfalls die Chance geben, aus dem Problem zu lernen, als Familie neue Wege im Leben zu finden, und nicht nur den selbstzerfleischenden rückwärtsgerichteten Schuldgefühlen zu verfallen, ganz gleich, wieviele Fehler man auch immer gemacht hat und auch in Zukunft noch machen wird.

Sollte der Fall eintreten, dass die Eltern mit ihrem Berater nicht zufrieden sind, ist es wichtig, dass sie dies klar und deutlich zum Ausdruck bringen. Sie sollten nach Möglichkeit dem Berater erklären, weshalb sie mit der Beratung nicht einverstanden sind, denn auch diese Auseinandersetzung mit dem Berater sollte so offen wie möglich ausgetragen werden. Sie stellt in sich einen Schritt in Richtung Bewältigung des Problems dar. Falls sie trotz offener Aussprache unbefriedigt bleiben von der Beratung, sollten sie sich nicht davor scheuen, weiter zu suchen nach einem neuen Berater. Bevor sie jedoch wechseln, sollten sie mit ihrem ersten Berater klar abgeschlossen haben und ihn offen darüber informieren, dass sie weitersuchen. Nur über eine solch offene Rückmeldung können auch wir Berater wieder von unseren Klienten lernen, indem wir von ihnen mit unseren Fehlern konfrontiert werden.

Für Eltern, die keine Fachperson aufsuchen möchten, haben wir hier noch einige weitere konkrete Ratschläge angeführt, die für Eltern von Nutzen sein könnten. Diese Ratschläge können selbstverständlich auch von Eltern, welche schon in Beratung sind, als zusätzliche Begleitung und Unterstützung verwendet werden. Keiner der Ratschläge soll aber als Dogma aufgefasst werden. Es handelt sich immer nur um allgemeine Grundregeln, die als Richtlinien dienen sollen, aber jeweils noch individueller Anpassung bedürfen.

Als ersten Schritt sollten die Eltern ihr eigenes Verhalten auf suchtfördernde Anteile untersuchen – wie in den vorhergehenden Kapiteln aufgezählt – und dann eine schrittweise Verminderung dieses suchtfördernden Verhaltens anstreben. Auch schon eine leichte Verminderung ihres suchtfördernden Verhaltens ist hilfreich für das Kind und wird einen Trend zur Besserung seines Suchtverhaltens in Gang setzen.

Wir rekapitulieren noch einmal kurz die einzelnen, möglichst zu unterlassenden Verhaltensmuster. Das Kind unter Druck setzen mit ängstlichen oder aggressiven Moralpredigten; übermässige Kontrolle und Nachspionieren; die Suche nach einem Sündenbock unter den „bösen" Kollegen, der das arme Kind verführt hat; Verbote erlassen, die man nicht durchsetzen kann; Streit unter den Eltern durch gegenseitige Vorwürfe mit Schuldzuweisung; Selbstvorwürfe und Selbstzerfleischung, begleitet von starken Schuldgefühlen. All diese Verhaltensmuster sind zwar menschlich, aber nicht hilfreich im Umgang mit dem süchtigen Jugendlichen, im Gegenteil, sie führen nur zur Beschleunigung des suchtfördernden Teufelskreises.

Im folgenden versuchen wir nun, im Gegensatz zu diesen schädlichen, suchtfördernden Verhaltensmustern, möglichst hilfreiche Verhaltensmuster für die Eltern kurz skizzenhaft aufzuzählen.

Ein Gespräch ist Gold wert

Sobald Eltern herausgefunden haben, dass ihr Kind mit Drogen Kontakt hatte, sollten sie, bevor sie mit dem Kinde darüber reden, als erstes versuchen, sich zu beruhigen, um ja nicht aus der ersten Panikstimmung heraus schon alles falsch anzupacken. Am besten ist es, wenn sie miteinander darüber reden können. Falls dies nicht möglich ist, kann auch eine Freundin oder ein Freund der Familie hilfreich sein. Sobald sie sich etwas beruhigt haben, müssen sie versuchen, mit dem Kinde in ein möglichst offenes, urteilsfreies Gespräch einzutreten. Dieses Gespräch soll sich jedoch nicht nur auf den Drogenkonsum konzentrieren, sondern ganzheitlich auf die momentane Lebenssituation des Kindes ausgerichtet sein, so dass sich die Eltern einen Eindruck verschaffen können, wo ihr Kind z.Z. im Leben steht. Dabei sollen sie sich einen ungefähren Eindruck zu machen versuchen, ob die Droge nur aus reiner Neugier heraus konsumiert wurde, aus Rebellion oder Auflehnung gegen die Autorität, oder ob tieferliegende Probleme dahinter stecken und die Droge als Problemlöser verwendet wurde.

Ist das erstere der Fall, so können die Eltern beruhigt sein. Reiner Neugierkonsum ist an sich nicht gefährlich. Es ist jedoch in diesem Falle besonders wichtig, dass die Eltern keine Eskalation der Problemsituation auslösen über ihre eigene Angstreaktion. Ihre Aufgabe ist es deshalb, ihre eigene Angst unter Kontrolle zu bringen und mit dem Kind ganz sachlich über die gesundheitsschädigende Wirkung der Drogen zu reden. Sie sollen aber auf keinen Fall stundenlange, sich täglich wiederholende Moralpredigten halten und abschreckende Schauer- und Drohgeschichten erzählen. Sie sollen jedoch eine klare, unzweideutige Haltung über die Schädlichkeit des Drogenkonsums, inkl. des Haschkonsums dem Kinde gegenüber einnehmen. Handelt es sich um einen Rebellionskonsum, sollen sie sich vermehrt der konflikthaften Auseinandersetzung mit dem Kinde stellen, und zwar nicht nur in bezug auf das Drogenthema, sondern auch ganz allgemein. Jugendliche brauchen diese Auseinandersetzungen mit den Erwachsenen, um ihre eigenen Wertvorstellungen zu entwickeln.

Haben die Eltern den Eindruck, dass ihr Kind tiefgreifendere Probleme hat, die hinter dem Drogenkonsum versteckt sind, es sich um einen Problemkonsum handelt, so ist es wichtig, dass sie versuchen, diese behutsam anzugehen und vom Thema der Droge so schnell wie möglich wegzukommen. Die Aufgabe besteht also darin, dass sie die Hintergrundproblematik bearbeiten und sich nicht vom Symptom der Drogensucht ablenken lassen. Gelingt es ihnen, die Probleme von der Ursache her erfolgreich zu lösen, so ist der Drogenkonsum als Symptom und Alarmsignal nicht mehr notwendig und fällt von selbst weg.

Eine wichtige Faustregel

Lässt sich die dahinterliegende Problematik aber nicht so schnell beseitigen, oder ist die Drogensucht schon so weit fortgeschritten, dass sie das Problem im Hintergrund fortwährend verdeckt, indem sie selbst zum Hauptproblem wird, dann ist es Aufgabe der Eltern zu lernen, mit diesem Problem so umzugehen, dass sie die Sucht nicht verstärken. Eine erste und wichtige Faustregel ist dabei die Bezugnahme auf das Problem oder Symptom auf eine ruhige Art und Weise, wenn möglich sogar auf eine humorvolle, aber nicht sarkastische Weise. Diese Faustregel stellt hohe Anforderungen an die Eltern, da es enorm schwierig ist, sich einem so unakzeptablen, stark angstauslösenden Symptom gegenüber neutral oder gar humorvoll zu verhalten. Falls es ihnen aber dennoch gelingt, ist diese Methode enorm wirkungsvoll. Durch die ruhige oder humorvolle Bezugnahme auf das Symptom vermindern die Eltern ihren eigenproduzierten Stressanteil. Die Spannung in der Familie nimmt augenblicklich ab. Der Druck, welcher auf dem Süchtigen liegt, lässt nach und dies ermöglicht letzterem wiederum, seine gesunden Ressourcen zu mobilisieren, die Sucht dadurch eher loszulassen, andere Befriedigungsverhalten zu verwenden und mehr Verantwortung für die eigene Gesundheit und das Leben zu übernehmen.

In der Praxis kann diese Methode etwa folgendermassen aussehen: Der Süchtige kommt „verladen" nach Hause. Man stellt dies fest und anstatt über ihn herzufallen mit Moralpredigten und Drohungen, lässt man den Spruch fallen: „Hast du wieder einen Absturz gebraucht?" Anschliessend geht man sofort zu seiner Tagesordnung über. Statt ihn vorwurfsvoll zu fragen, weshalb er abgestürzt sei, geht man einfach seinen Pflichten nach. Man lässt den Süchtigen somit wissen, dass man gemerkt hat, dass er Drogen konsumiert hat. Man zeigt ihm aber auch gleichzeitig, dass man durch seinen Rückfall nicht total aus der Fassung gebracht wurde. Mit dieser Haltung überlässt man den Süchtigen seine Verantwortung über sich selbst und sein Gesundheitsverhalten, was ihn eher dazu motiviert, selbst etwas zu verändern.

Für einen gesunden Egoismus

Eine weitere wichtige Faustregel ist die, dass man sein Leben nicht total von der Sorge um das drogensüchtige Kind beherrschen lassen darf, sondern falls notwendig, sich sogar dazu zwingen muss, auch selbst etwas für sich zu unternehmen, entweder mit seinem Partner zusammen oder auch alleine. Besonders wirksam ist dieses Verhalten, wenn man sich nicht nur durch irgendwelche Aktivitäten abzulenken versucht, sondern Aktivitäten aussucht, die einem persönlich besonders Befriedigung bringen. Vielleicht sollte man sogar solche Dinge anpakken, an die man sich bis jetzt noch nie herangewagt hat, für die man sich bis jetzt nie die Zeit gegönnt hat.

Wir haben bei der Erforschung der Ursachen zur Suchtentwicklung auch die unerfüllten Wünsche, die Sehnsucht der Eltern erwähnt. Es ist enorm hilfreich für das süchtige Kind, wenn die Eltern ihre unerfüllten Wünsche ausgraben, sich offen eingestehen und dann diese Wünsche in irgendeiner, und sei es noch so minimalen Weise, selbst zu verwirklichen versuchen.

Durch eigene Verwirklichung der Eltern wird der unsichtbare Erwartungsdruck vom Kinde weggenommen und es wird ihm dadurch ermöglicht, sich auf seine eigene Selbstverwirklichung zu konzentrieren. Eine enorme Belastung als eine der vielen Ursachen zur Suchtentwicklung fällt weg. Eltern nehmen oft die Haltung ein: „Aber ich kann doch jetzt nicht meinen eigenen Interessen nachgehen, jetzt solange das Kind so schlecht dran ist". Diese Überlegung ist jedoch nicht richtig. Gerade in einem solchen Moment ist es absolut notwendig, dass man seinen eigenen Interessen nachgeht, dass man für sich selbst sorgt, um dadurch möglichst viel eigene Kraft zu schöpfen, welche dem Kinde in der Beziehung wiederum zugute kommt. Ausserdem geht man dem Kinde dadurch mit einem guten Beispiel voran, wie man für seine eigenen ganz persönlichen Bedürfnisse sorgen lernen muss und kann. Die Sucht stillt ja keine persönlichen Bedürfnisse, sondern ist nur allgemeine unpersönliche Ersatzbefriedigung.

Rückfälle gehören zur chronischen Krankheit

Ein weiterer, wichtiger Punkt, den sich die Eltern von drogensüchtigen Kindern immer wieder vor Augen halten müssen, ist die Tatsache, dass es sich bei der Sucht um eine chronische Krankheit handelt, und ein Süchtiger deshalb immer wieder Rückfälle hat. Es ist folglich absolut sinnlos, ja kontraproduktiv, sich über Rückfälle aufzuregen. Das primär angestrebte Ziel soll deshalb nicht die Drogenfreiheit, d.h. die Verhinderung der Rückfälle sein, sondern ein besserer Umgang mit den Rückfällen bzw. ein Lernen aus den Rückfällen. Nur indem man mit Rückfällen besser umzugehen weiss, als Familie und als Süchtiger, wird man schlussendlich als Suchtmittelkonsument fähig, die Rückfälle gänzlich wegzulassen. Angst vor dem Rückfall provoziert unweigerlich neue Rückfälle.

In eine ähnliche Richtung geht auch die Aufforderung an die Eltern zu lernen, selbst kleine Fortschritte beim Süchtigen und bei sich selbst zu anerkennen und zu honorieren. Es ist im Gesundungsprozess hinderlich, diese kleinen Schritte wegen zu hoher Erwartungen zu übersehen. Dadurch wird jeglicher Fortschritt zu nichte gemacht. Der Fortschritt in der Suchtbewältigung setzt sich aus vielen kleinen Schritten zusammen und besteht nicht aus einem riesigen Gewaltsschritt der zum Erfolg führt. Durch die anerkennende Unterstützung der kleinen Schritte werden diese verstärkt und somit der Fortschritt beschleunigt. Diese Verstärkung der kleinen Fortschritte fällt leider den Eltern meist viel schwerer als die negative Verstärkung der Rückfälle durch vernichtende Kritik. Dennoch ist es sehr wichtig und hilfreich, dass sie das erstere Verhalten anstreben und das letztere zu unterlassen oder zumindest zu unterdrücken versuchen.

Erfahren die Eltern erst einmal, dass sie durch ihre eigene Verhaltensveränderung einen positiven Einfluss auf das Suchtverhalten ihres Kindes nehmen können, so wählen sie dieses hilfreiche Verhalten von selbst vermehrt. Die positive Erfahrung wirkt als Verstärker, und der therapeutische Prozess läuft quasi von selbst. Doch bis sie zu dieser Erfahrung und Einsicht kommen, brauchen sie oft mehrere Anläufe.

All die zuvor genannten Ratschläge für Eltern gelten selbstverständlich auch für andere Bezugspersonen wie Lehrer, Lehrmeister, Erzieher etc.. Für diese ist es aber oft noch schwieriger, sich anders zu verhalten als moralisierend und belehrend, da sie sich eben an erster Stelle in einer erziehenden Funktion sehen. Dazu kommt, dass sie keine so starke emotionale Bindung zum Kinde haben wie die Eltern. Sie reagieren deshalb häufig auch schneller mit einer Ausstossungsreaktion als letztere, wenn sie sehen, dass sie mit ihrer Erziehung keinen Erfolg haben. Diese Ausstossungsreaktion ist als Schutz vor der eigenen Verletzung durch erneute Frustrationen zu werten. Im Grunde genommen wäre in einem solchen Moment, da die angewandte Erziehungsmethode nicht gefruchtet hat, eigentlich angezeigt, dass sie sich hinterfragen, wie sie ihre Methode, bzw. ihr Verhalten verändern könnten, um eher zum gewünschten Ziel zu gelangen. Aber meist reicht leider die Energie und damit die Motivation zu einer solch kritischen Hinterfragung des eigenen Verhaltens nicht mehr aus, und der Selbstschutz, die Ausstossungsreaktion wird dann als pädagogische Massnahme deklariert. Die Reaktion der Ausstossung aus der Beziehung ist somit verständlich, sie kann aber niemals als therapeutische oder erzieherische Methode betrachtet werden, denn wo keine Beziehung mehr vorhanden ist, kann weder erzogen noch irgendwie therapeutisch beeinflusst werden. Dennoch wird die Drohung auf Ausstossung häufig auch von professioneller Seite angewandt im Sinne von „wenn du noch einmal bei der Sucht ertappt wirst, dann wirst du von der Schule gewiesen." Man geht bei dieser Drohung von der Annahme aus, der Süchtige habe dann Angst vor der Ausweisung und diese Angst motiviere ihn dazu, nicht mehr zum Suchtmittel zu greifen. Da das Suchtmittel aber ein schnellwirksamer Angstlöser ist und das Suchtverhalten aus einem Zwangsverhalten besteht, das nicht der willentlichen Kontrolle unterworfen ist, bewirkt man mit dieser angstauslösenden Drohung genau das Gegenteil von dem, was man erreichen will. Man zwingt den Süchtigen erneut, Zuflucht zur Sucht zu nehmen, um dadurch seine Angst zu bekämpfen. Er wird rückfällig und erfährt die Ausstossung. Man hat den Rückfall durch die Ausstossungsandrohung mit verursacht.

Grenzen der Toleranz

Diese Überzeugung, dass man Ausstossungsdrohungen nie als disziplinarische Massnahme oder gar Therapiemethode anwenden soll, darf aber nicht mit der Aussage gleichgesetzt werden, dass man als Erzieher oder Therapeut in einer Lebens- und Lerngemeinschaft immer alles tolerieren und ewig Geduld aufbringen muss. Im Gegenteil, es ist sehr wichtig für eine Person in erziehender oder therapeutischer Funktion, dass sie ihre eigenen Grenzen wahrnimmt, zu diesen voll steht und sie dem Süchtigen gegenüber auch klar und deutlich deklariert. Es geht jedoch nicht an, dass ein Erzieher oder Therapeut seine eigenen Bedürfnisse zur Abgrenzung, seinen ureigenen Selbstschutz oder den Schutz der Gruppe hinter dem Deckmantel von erzieherischen oder therapeutischen Motiven versteckt und so zu legitimieren versucht. Ein jeder Mensch und jede Institution hat das Recht, Grenzen zu setzen und soll dies im gegebenen Fall auch tun.

Es ist schädlich für Süchtige, wenn sie im Grunde genommen spüren, dass man sie emotionell schon längst ausgestossen hat, sie also innerlich stark ablehnt, äusserlich aber so tut, als sei man tolerant, wolle ihnen helfen und nochmals eine Chance geben. Diese unehrliche Situation fördert nur das Suchtverhalten, da sie dem Süchtigen etwas vortäuscht, das nicht der Wahrheit entspricht und dies Unsicherheit und Angst in ihm auslöst. Hat eine wichtige Bezugsperson des Süchtigen ihre persönlichen Grenzen im Umgang mit dem Süchtigen erreicht, dann halten wir es für ausserordentlich wichtig, dass sie dies ganz klar deklariert. Diese klare und offene Stellungnahme zu den eigenen Grenzen bringt für den Süchtigen die Möglichkeit, sich mit der Beziehung ehrlich auseinander zu setzen. Diese Auseinandersetzung bringt ihm mehr – selbst wenn dies Ausschluss bedeutet – als wenn man ihn gegen das innere Gefühl bei sich behält, um ihm sogenannt nochmals eine Chance zu geben, sei dies in der Familie, in der Schule, am Arbeitsplatz oder sonst in einer Gemeinschaft. Das emotionelle Klima in dieser ablehnenden Beziehung ist dermassen vergiftet und unehrlich, dass der junge sensible Mensch immer wieder zum Gift greifen muss und somit gar nicht die Chance hat, von seiner Sucht loszukommen innerhalb dieser unehrlichen Beziehung. Die Formulierung der Eltern, wenn sie an ihre Grenzen gestossen sind, sollte dann etwa so lauten: „Es tut mir leid, aber ich halte diese Situation mit deinen dauernden Rückfällen einfach nicht mehr aus, ich werde bald wahnsinnig dabei und das kann und will ich mir nicht leisten, deshalb musst du dir ab Datum X eine neue Wohnmöglichkeit suchen." Und nicht: „Du Nichtsnutz, ich werfe dich ab sofort hinaus, für mich bist du gestorben. Du musst wahrscheinlich noch tiefer fallen, um zur Umkehr zu kommen." Alles Aussprüche, die im Grunde genommen an erster Stelle durch die eigene Frustration, Verzweiflung und Hilflosigkeit geprägt sind, aber dem Süchtigen kein Gesundheitsverhalten beibringen, sondern ihn noch tiefer ins Elend stossen.

Hinauswurf, wie er so oft von Therapeuten und auch Eltern von drogenabhängigen Jugendlichen propagiert wird, ist also nicht schlechthin therapeutisch und hilfreich für die Entwicklung des Drogenpatienten, er ist nur dann sinnvoll, wenn die Eltern oder zumindest ein Elternteil die Grenzen der eigenen Toleranz und Tragfähigkeit erreicht haben, und diese Grenzen offen als solche deklariert werden, ohne dass man sich dabei hinter einem erzieherischen Motiv zu verstecken versucht, und ohne dass man vernichtende Aussagen über den Drogensüchtigen zu machen braucht.

Das gleiche gilt für die Ausstossung eines Süchtigen aus der Schule, aus einer Lehrstelle oder gar aus einer für Drogensüchtige spezialisierten Wohngemeinschaft. Der Hinauswurf ist an erster Stelle sinnvoll als Schutz für die Gemeinschaft. Er ist unumgänglich, wenn ein emotioneller Beziehungsabbruch der professionellen Bezugsperson zum Süchtigen stattgefunden hat. Man darf ihn aber niemals als therapeutische Methode der ersten Wahl propagieren. Dies wäre ein grober Kunstfehler und würde zudem eine Unehrlichkeit in der Beziehung zum Süchtigen darstellen. Eine Haltung, die sich wiederum nur suchtfördernd auf den Betroffenen auswirkt. Der Beziehungsabbruch des Therapeuten zum Suchtkranken stellt einen berechtigten Selbstschutz des Therapeuten dar, aber niemals eine therapeutische Intervention.

Fehlerhafte Behandlung der Suchtkranken

Der fachgerechte Umgang mit einem rückfälligen Suchtkranken müsste aus unserer Sicht anders aussehen. Um den von uns propagierten fachgerechten Umgang besser erklären zu können, machen wir einen kurzen Exkurs in die körperliche Medizin. Der Bluthochdruck und die Verengung der Kranzgefässe, auch „angina pectoris" genannt, stellen eine chronische Krankheit dar, die zu akuten Krankheiten führen kann wie Herzschlag oder Hirnschlag. Ein Patient mit akutem Herzschlag, auch Herzinfarkt genannt, wird unverzüglich auf die medizinische Intensivstation eingewiesen, selbst wenn er sein blutdrucksenkendes Mittel zuvor nicht vorschriftsgemäss eingenommen hat. Er muss sich nicht um eine Aufnahme schriftlich oder telefonisch mehrmals bemühen. Sobald sich sein akuter Zustand gebessert hat, wird er problemlos auf eine medizinische Abteilung verlegt. Wenn er auf der Abteilung wieder einen Rückfall hat, einen sogenannten Reinfarkt, wird er unverzüglich wieder auf die Intensivstation verlegt zur fachgerechten Behandlung seiner erneuten Akuterkrankung.

Nicht ganz so einfach verläuft das Behandlungsprocedere bei Drogenkranken. Benötigt ein akut Drogenkranker eine Akutbehandlung, d.h. einen Entzug, muss er sich für diese in der Regel mehrmals bewerben, d.h. sich einer sogenannten Motivationsprüfung unterziehen um zu zeigen, dass er tatsächlich bereit ist, gesund zu werden. Hat er seinen Entzug erfolgreich hinter sich gebracht und wünscht eine Nachbetreuung, muss er sich erneut um einen Behandlungsplatz bemühen in einer therapeutischen Wohngemeinschaft. Er kann also nicht unverzüglich in die nächste, für ihn und seinen momentanen Gesundheits- bzw. Krankheitszustand adäquate Institution übertreten, wie dies beim Herzinfarktpatienten der Fall ist. Er muss häufig zurück auf die Gasse, d.h. in einen unbetreuten Zustand, was natürlich sein Rückfallrisiko bzw. sein Wiedererkrankungsrisiko massiv erhöht und somit seine Heilungschance enorm vermindert. Hat er noch während der Entzugsbehandlung einen Rückfall, d.h. nimmt er Drogen zu sich, so wird er in der Regel unverzüglich vom Behandlungsprogramm ausgeschlossen und wieder auf die Gasse geschickt. Auch dieses „therapeutische", d.h. erzieherische Vorgehen erhöht natürlich den Behandlungserfolg der Suchtkranken nicht, sondern verschlechtert ihre Prognose massiv. Ist der Suchtkranke erfolgreich in eine Nachbetreuungsinstitution, eine therapeutische Drogenwohngemeinschaft eingetreten und hat dort einen Rückfall, wird er in der Regel auch wieder vom Behandlungsprogramm ausgeschlossen und in einen unbetreuten Zustand auf die Gasse geschickt, anstatt in eine Institution für Entzugsbehandlung überwiesen zur Behandlung seiner Akuterkrankung, seines Rückfalls, analog zum Reinfarkt bei Herzpatienten.

All diese offensichtlichen Kunstfehler in der Behandlung von Suchtkranken werden stetig weitergegeben und beeinträchtigen selbstverständlich die Prognose des Suchtpatienten enorm. Sie tragen wesentlich bei zur schlechten Erfolgsquote in der Behandlung der Drogenkranken. Warum diese therapeutischen Kunstfehler bei der Behandlung der Suchtkranken trotz ihrer Offensichtlichkeit bis jetzt nur selten aufgedeckt und angegangen wurden, erklären wir uns aus folgenden Gründen. Die Suchtkrankheit wurde bis vor kurzen sowohl von der allgemeinen Bevölkerung als auch vom Fachpersonal nicht als eigentliche Krankheit angesehen. Sie wurde und wird vielmehr als Laster oder Verhaltensproblem taxiert, das mit bestrafenden bzw. erzieherischen Massnahmen angegangen werden muss. Deshalb wird der Rausschmiss aus einem Behandlungsprogramm bei Rückfall, d.h. Akuterkrankung auch als therapeutische pädagogische Massnahme dargestellt und ist integrativer Teil fast aller

offiziell anerkannten Behandlungsprogramme für Suchtkranke.

Das Alibi der Gesellschaftskritik

Eine andere gängige Umgangsform mit Suchtkranken ist
die, dass man sie als soziale Opfer der Gesellschaft ansieht, was zur Haltung führt, dass anstelle der Therapie
des Suchtkranken die Gesellschaft therapiert wird. „Therapeutische" Vorschläge für die Gesellschaft zu machen,
d.h. sozialpolitische Massnahmen zu propagieren, scheint
einfacher zu sein, als sich den eigenen Frust über die er-
folglose Therapie des chronisch kranken Suchtpatienten
einzugestehen. Diese politische Betätigung der Therapeuten lenkt aber in der Regel nur von der eigentlichen Aufgabe, der Therapie des Suchtkranken ab.

Eine weitere Deutungsmöglichkeit der Suchtkrankheit
ist die einer alternativen Lebensform, an welche sich die
Gesellschaft zu gewöhnen und anzupassen hat durch das
zur Verfügungstellen von Utensilien und Suchtmitteln,
also ein zur Verfügungstellen von staatlichen, im Grunde genommen krankheitserhaltenden Massnahmen. Man
schlägt hier nicht nur sozialpolitische Massnahmen vor,
man führt sie auch durch. Man dreht den Spiess um und
passt die Gesellschaft an den Süchtigen an und verlangt
nicht mehr vom Süchtigen, sich an die Gesellschaft anzupassen. Beide Formen der Anpassung sind an sich nicht
hilfreich im Umgang mit der Sucht, da sie dem hilfreichen
und notwendigen Konflikt aus dem Wege gehen und somit das Lernverhalten von vornherein unterdrücken.

Die beiden Haltungen, sowohl diejenige, die den
Suchtkranken durch Bestrafung zur Gesundheit erziehen

will, als auch diejenige, die das Suchtverhalten als Ausdruck einer anderen Lebensform verteidigt, gehen vom Glauben aus, dass die Suchtkrankheit eine Sache des freien Willens sei und von dort her angegangen werden könnte. Dies ist eine Fehlvorstellung. Keine Krankheit bzw. Genesung ist reine Willenssache und keine Krankheit kann deshalb allein über den Willen verstanden geschweige denn behandelt werden. Bei jeder Langzeitkrankheit, nicht nur bei der Suchtkrankheit, können bewusste Willensanteile des Menschen in das Behandlungsprocedere miteinbezogen, dürfen aber niemals ausschliesslich zur Anwendung gebracht werden. Dass die Suchtkrankheit als Symptom einer Gesellschaft im Umbruch betrachtet wird, mag wohl bis zu einem gewissen Grade zutreffend sein, aber die „Therapie" bzw. Veränderung dieser Gesellschaft lässt sich nicht so schnell und leicht in Angriff nehmen und ist vor allen Dingen nicht Sache der Therapeuten. Ausserdem kommt eine Gesellschaftsveränderung viel zu spät, um für den einzelnen schon Süchtigen von Nutzen zu sein, sie hilft somit dem kranken Individuum gar nichts mehr. Deshalb sollte der Schuster bei seinen Leisten bleiben, der Therapeut bei seiner Therapie, die auf die Person des einzelnen Patienten ausgerichtet sein muss und nicht auf die Gesellschaft und deren Veränderung.

Die fehlende Zusammenarbeit der Institutionen

Ein weiterer Grund, weshalb Kunstfehler im Behandlungsprocedere von Suchtkranken so hartnäckig weiterbestehen, liegt vermutlich in der Realität, dass die verschiedenen Behandlungsangebote für die verschiedenen

Krankheitszustände der Suchtkranken nicht ein und derselben Institution angehören, wie dies bei einer Klinik der Fall ist, die für die Behandlung der Herzinfarktpatienten zuständig ist. Der Suchtpatient kann demzufolge nicht unverzüglich von der einen Institution in die andere überwiesen werden, je nach Bedarf seines Zustandes, so wie es mit dem Herzinfarktpatienten geschieht, indem er von einer Abteilung auf die Akutstation verlegt wird und umgekehrt, je nach seinem Zustandsbild. Eine reibungslose Überweisung der Suchtpatienten von einer Institution in die andere kann auch nicht erfolgen, weil bei weitem nicht alle verschiedenen Institutionen optimal zusammenarbeiten.

Es wäre dennoch wünschenswert, dass auch Suchtpatienten einem fachgerechten reibungs- und lückenlosen Behandlungsprocedere unterzogen würden bei einer Krankheitszustandsveränderung. Eine fachgerechte Behandlung des Suchtkranken bei Krankheitsrückfall würde unserer Ansicht nach darin bestehen, dass der Patient unverzüglich in eine Entzugsstation verlegt werden kann und von dort aus direkt wieder in die Entwöhnungsbehandlung zurückkehrt ohne langwieriges Aufnahmeprocedere als Motivationsprüfung seines „Willens" zur Gesundheit. Keine Behandlungsinstitution hat die Garantie, dass der zu behandelnde Patient tatsächlich behandlungswillig, d.h. gesundheitswillig ist vor Eintritt in diese Institution. Auch bei körperlich kranken Patienten kann diese Garantie nicht abgegeben werden. Warum wird sie dann von Suchtpatienten verlangt? Solange die Institutionen für Entzugsbehandlung und Entwöhnungsbehandlung nicht zusammengeschlossen sind, sollten sie zumindest sehr gut miteinander zusammenarbeiten, um eine koordinierte Behandlung von Suchtkranken zu ermöglichen und die bestehenden Kunstfehler, wenn nicht ganz auszumerzen, so doch wenigstens zu vermindern.

Sicher gäbe es noch viele differenzierte Ratschläge für viele verschiedene schwierige Situationen zu erteilen, doch wir versuchten uns hier lediglich auf allgemeine Ratschläge und Prinzipien zu beschränken. Die detaillierten Ratschläge müssen wir der Einzelberatung überlassen, die sich eine Bezugsperson bei einem Therapeuten oder Fachberater direkt holen muss.

VI. SOZIALE UND POLITISCHE ASPEKTE

Sozialpolitische Betrachtung der Drogensucht

Es ist ein allgemein gesellschaftliches Phänomen, dass neue Probleme aller Art mehr Aufmerksamkeit auf sich ziehen als Altbekanntes. Die Drogensucht stellt ein noch relativ junges Problem in unserer Gesellschaft dar und geniesst deshalb grosse Publizität. Zudem handelt es sich bei der Drogensucht an erster Stelle um ein Problem der Jugend, und alles, was mit Jugend zu tun hat, zieht unsere Aufmerksamkeit vermehrt auf sich, vermutlich, weil die Gefährdung unseres Nachwuchses zurecht eine fundamentale Überlebensangst in uns auslöst. Die Drogensucht wird also aus zwei Gründen ins Rampenlicht gerückt, erstens, weil sie neu ist und zweitens, weil sie die Jugend betrifft.

Diese Tatsache bringt mit sich, dass das Problem auch in den Medien viel Popularität erfährt. Doch nicht nur die Medien, auch Politiker aller Richtungen interessieren sich sehr für dieses Thema. Das Drogenproblem wird als neues gesundheitspolitisches Problem der Jugend von verschiedenen Seiten her intensiv angegangen und bearbeitet. Trotz dieses grossen Einsatzes wird jedoch in der Öffentlichkeit daran gezweifelt, ob man überhaupt durch diese Bemühungen einer Lösung des Problems in irgendeiner Weise näher gekommen ist, und dies zu Recht. Die grosse Publizität des Drogenproblems bringt zwar die tragischen Elends-Geschichten immer wieder an die Öffentlichkeit, aber dem einzelnen Menschen wird dadurch nicht geholfen, aus dem Elend und seiner Sucht herauszukommen. Auch Fachleute verwenden wie schon erwähnt durch ihr eifriges Engagement in der „Drogenpolitik" häufig viel Energie und Zeit, welche der direkten Arbeit mit dem Patienten abgeht. Dieses „drogenpolitische Engagement" ist deshalb häufig nicht sehr hilfreich, weil es in der Regel sehr bald in sich gegenseitig polarisierende Machtkämpfe ausartet, die selbstverständlich nichts zur eigentlichen Problemlösung beitragen.

Die beiden Hauptberufsgruppen, die sich am meisten polarisiert haben in der Vergangenheit, waren die Vertreter der Justiz wie Richter und Polizei auf der einen Seite und auf der anderen Seite die Drogentherapeuten. Beide müssen sich von Berufs wegen mit den Drogensüchtigen abgeben und verfügen deshalb über eine beträchtliche Erfahrung. Ein Erfahrungsaustausch zwischen diesen beiden Berufsgruppen zugunsten des Drogenpatienten findet jedoch bis heute leider nicht im grossen Rahmen, sondern nur erst selten statt. Stattdessen verfällt man leicht in gegenseitige Anklagen für das Versagen bei der Lösung des Problems. Die Situation ist vergleichbar mit der einer zerstrittenen Ehe, in welcher beide Eltern sich gegenseitig die Schuld zuschieben für das missratene Kind, anstatt sich zu besinnen, wie sie sich ihrem Kinde gemeinsam hilfreicher annehmen könnten.

Sicher haben die Vertreter beider Berufsgruppen viele Fehler gemacht im Umgang mit den Drogensüchtigen und können dementsprechend auch noch viel lernen und verbessern. Weder die Therapeuten noch die Juristen und Polizisten können von sich behaupten, dass sie das Problem im Griff haben. Die Drogensucht unter den Jugendlichen nimmt noch immer zu. Will man diesen Misserfolg von sich abwälzen, kann man das Problem auf eine nächsthöhere Ebene der Problemlösung verschieben, nämlich auf diejenige des Gesetzes und verlangen, dass das geltende Betäubungsmittelgesetz geändert werden muss. Dadurch macht man aus einem psychosozialen Gesundheitsproblem ein politisches Problem und lenkt gleichzeitig vom eigenen Misserfolg ab. Man macht das bestehende Gesetz und nicht seine Handhaber für den Misserfolg verantwortlich. Doch wem schiebt man in Zukunft den Sündenbock zu, wenn das Gesetz geändert ist, und das Problem immer noch nicht gelöst werden kann?

Höchste Zeit, die Drogensucht als medizinisches
Problem zu betrachten

Drogenarbeit wurde und wird noch immer zum Hauptteil von Sozialarbeitern geleistet. Sie stellen die grösste Zahl von Fachleuten, welche Erfahrungen haben in der Drogenarbeit und somit von fachlicher Seite her auch wesentlich die Meinungsbildung in der Öffentlichkeit bestimmen. Aus der Sicht des Sozialarbeiters wird das Drogenproblem jedoch in der Regel nur von einer Seite betrachtet, nämlich von der sozialpädagogischen und sozialpolitischen Seite her. Die rein medizinische Seite fehlt mehrheitlich. Die genaue Wirkungsanalyse einer Droge auf den menschlichen Körper und insbesondere aufs Gehirn kann nicht im primären Interesse eines Sozialarbeiters liegen. Er interessiert sich vielmehr für die soziale Ursache des Drogenproblems und für den sozialen Umgang mit dem Drogenpatienten in der Gesellschaft sowie die soziale Integration des Patienten.

Die Ärzte, welche sich mit Drogensüchtigen befassen, tun dies meist nur in Notfallsituationen und sind dann an erster Stelle mit der Symptombekämpfung beschäftigt. Erst wenig Ärzte beschäftigen sich mit der Langzeitbehandlung von Drogensüchtigen, was ihnen ermöglicht, sich Gedanken zu machen über die langfristige Auswirkung der verschiedenen Drogen. Diejenigen wenigen Ärzte, die sich auf Drogenpatienten spezialisiert hatten, betrachteten das Drogenproblem häufig auch an erster Stelle aus sozialer Sicht, haben sich also der sozialen Betrachtungsweise angeschlossen und brachten somit keine neue Betrachtungsweise des Problems ein. Somit wurde das Drogenproblem noch nie als Suchtkrankheit, d.h. als chronische Krankheit mit Rückfällen einer sauberen medizinischen Analyse unterzogen mit entsprechenden Schlussfolgerungen für die verschiedenen Behandlungsmethoden.

„Harte" und „weiche" Drogen

Begriffe wie „harte" und „weiche" Drogen sind aus medizinischer Sicht nicht vertretbar. Die verschiedenen Wirkungen von verschiedenen chemischen Substanzen würde man aus einer medizinischen Beschreibung heraus niemals in „hart" und „weich" aufteilen. Die Wirkung von Haschisch auf das menschliche Gehirn ist nicht weicher oder harmloser, als die Wirkung von Heroin. Haschisch hat in vieler Hinsicht sogar eine viel kompliziertere und deshalb heimtückischere Wirkung auf das Gehirn als Heroin, da es vermehrt an den höheren integrativen Hirnzentren angreift. Dafür hat es eine weniger schmerzstillende, sedierende und euphorisierende und somit weniger süchtigmachende Wirkung als Heroin. Beide Substanzen haben eine unterschiedliche Wirkung, sie können deshalb aber nicht in „hart" und „weich" aufgeteilt werden. Die Aufteilung in harte und weiche Drogen ist eine Beschreibung, die von der Gesetzgebung herrührt. Heroindelikte werden hart bestraft, Haschischdelikte nur weich, resp. milde. Daraus zieht man den Rückschluss, dass Haschisch eine weiche Droge, gleichbedeutend mit harmlose bzw. relativ unschädliche Droge ist, Heroin hingegen eine harte Droge, gleichbedeutend mit sehr schädlicher Droge ist.

Aus dieser, durch das Betäubungsmittelgesetz bedingten Aufteilung in „harte" und „weiche" Drogen wird für die Freigabe, d.h. die Straflosigkeit von Handel und Konsum der weichen Drogen plädiert. Da man das Wort weich mit harmlos bzw. minimal gesundheitsschädigend assoziiert, liegt es auf der Hand, Haschisch aus dem Betäubungsmittelgesetz herauszunehmen und freizugeben. Gleichzeitig bestärkt man mit dieser Freigabe aber die Volksmeinung, dass Haschisch unschädlich sei, oder zumindest viel weniger schädlich als Heroin und setzt es den legalen Drogen Alkohol und Nikotin gleich. Alle Drogen sind auf verschiedenen Organebenen oder für verschiedene Organstrukturen gesundheitsschädigend, ganz unabhängig von ihrem Legalitätszustand. Alkohol- und Haschischkonsum schädigen vermehrt das Gehirn; Tabak, wenn geraucht, schädigt vermehrt die Lungen.

Im folgenden wollen wir uns kurz mit der Kontroverse über die Gesetzesänderung in Richtung Liberalisierung befassen.

Kontroverse über eine „Liberalisierung"

Das Hauptargument, welches für die Veränderung des Betäubungsmittelgesetzes angeführt wird, ist eine dadurch angestrebte sogenannte Entkriminalisierung des Drogenkonsumenten. Gibt man aber nur das Haschisch frei, so bleibt der Konsum von Heroin weiterhin eine Straftat, d.h. alle Heroinkonsumenten werden weiterhin bestraft, d.h. sogenannt „kriminalisiert". Haschischkonsumenten müssen jedoch selten kriminell werden, um zu ihrem Stoff zu kommen, da Haschisch nicht teuer ist. Das Argument einer Entkriminalisierung entfällt also. Wenn der Konsum von Heroin ebenfalls freigegeben wird, kann auch der Heroinkonsum „entkriminalisiert" werden und es muss nur noch der Händler bestraft werden. Dagegen ist einzuwenden, dass die Trennung zwischen Heroinkonsument und Heroinhändler im Grunde genommen schon unter dem jetzigen Betäubungsmittelgesetz vorgenommen werden kann. Konsumenten werden ausnahmslos viel weniger hart bestraft als reine Händler. Der Richter kann auch ganz von der Strafe absehen, wenn er dies als sinnvoll erachtet, und sich der Konsument als Patient einer Behandlung unterzieht. Ausserdem kann er eine gerichtliche Massnahme verordnen, d.h. dem Suchtkranken von Gerichtes wegen eine Therapie verordnen, die von einem Psychiater anhand eines Gutachtens vorgeschlagen wird.

Das Problem besteht jedoch darin, dass die meisten Konsumenten auch zum Eigenbedarf handeln, da sie ohne den Handel gar nicht genügend Geld für den Stoff hätten. Wenn man den süchtigen Händler auch nicht bestrafen würde, müsste ein Händler nur gelegentlich konsumieren und Sucht vortäuschen, um der Strafe zu entgehen. Lässt man den süchtigen Händler aber straflos, so kann er viel Schaden anrichten, indem er gefährdete Jugendliche zum Konsum verleitet, da er ja neue Konsumenten braucht, um sich seinen Eigenkonsum finanzieren zu können. Der unbehelligte, drogenhandelnde Drogensüchtige muss also unweigerlich andere gefährdete Individuen anstecken, d.h. mit in sein Suchtverhalten hineinziehen, um überhaupt seine Suchtkrankheit aufrecht erhalten resp. finanzieren zu können. Seine Straffreiheit, bzw. seine Nichterfassung gefährdet die Gesundheit weiterer Individuen und breitet die Drogenepidemie weiter aus.

Dies mag als Argument für die kontrollierte Heroinabgabe verwendet werden. Im folgenden werden wir darlegen, weshalb wir dieses Vorgehen nicht als taugliche Lösung betrachten.

An dieser Stelle sei in Erinnerung gerufen, dass der *Konsum* vom Gesetz als Übertretung (Busse oder Haft bis max. 3 Monate), *Handel* aber als Vergehen, bzw. Verbrechen (in schweren Fällen bis 20 Jahre Zuchthaus) behandelt werden.

Ein Drogensüchtiger, welcher zur Stoffbeschaffung „normale" Delikte begeht (Raub, Diebstahl, Betrug usw.) muss zwar wie ein normaler Straftäter mit einer Strafe rechnen; im Gegensatz zu diesem hat er jedoch faktisch die Wahl zwischen Therapie und Strafvollzug (Art. 43/ 44 StGB).

Eine weitere Möglichkeit anstelle der Freigabe des Drogenkonsums wäre die staatlich kontrollierte Abgabe von Heroin und anderen jetzt verbotenen Suchtsubstanzen wie Kokain, Amphetamine, Crack und weitere Designerdrogen. Aus ärztlich therapeutischer Sicht scheint uns diese Lösung nicht vertretbar und auch nicht notwendig. Das ärztlich abgegebene Methadon erfüllt diesen Zweck der staatlichen Abgabe eines Opiates schon und hat gegenüber dem Heroin erst noch die Vorteile, dass es geschluckt werden kann, eine viel längere Wirkungsdauer hat von ca. 24 Stunden, und deshalb nur einmal pro Tag abgegeben werden muss, während Heroin drei- bis viermal pro Tag abgegeben werden muss wegen seiner kurzen Wirkungsdauer. Vom Süchtigen wird selbstverständlich die Heroinabgabe gegenüber der Methadonabgabe bevorzugt, da das geschluckte Methadon keinen „flash" erzeugt, kein

intensives Glücksgefühl auslöst, sondern nur die Entzugserscheinungen bekämpft.

Aus diesen aufgeführten Gründen sowie auch aus dem
Grunde, dass viele erfahrene Drogentherapeuten der Ansicht sind, die therapeutische Hilfe werde vom Süchtigen oft erst akzeptiert angesichts einer drohenden Strafe,
treten wir für die Beibehaltung des jetzigen Betäubungsmittelgesetzes ein. Hier sei wohlvermerkt: die drohende
Strafe macht nicht gesund, aber sie kann sehr häufig therapiewillig machen. Auch Alkoholsüchtige akzeptieren
eine Therapie häufig erst unter der Androhung des Ar-
beitsplatzverlustes oder des Führerausweisentzuges. Es
lässt sich deshalb mit gutem Recht fragen, wo die Therapeuten stünden ohne diese motivierenden Rahmenbedingungen durch das Gesetz.

Auch mit dem bestehenden Gesetz als flankierende ge-
sundheitspolitische Massnahme steigen schon heute viele Drogentherapeuten nach wenigen Jahren wieder aus
dieser Arbeit aus, da sie zu sehr frustriert sind durch die
niedrige Erfolgsquote bei der Behandlung dieser chronisch wiederkehrenden Suchtkrankheit. Somit reichert
sich keine genügende Erfahrung unter den Therapeuten
an, eine Tatsache, die sich wiederum negativ auf den Behandlungserfolg dieser Patientengruppe auswirkt. Suchttherapeuten steigen in der Regel schneller aus ihrem Fach-
gebiet aus als Suchtpatienten aus ihrer Suchtkrankheit.
Gleichzeitig steigen neue Suchtpatienten schneller in die
Sucht ein als sich kompetente Suchttherapeuten ausbil-
den lassen. Somit geht die Schere zwischen der Anzahl
von Suchtpatienten und ihrer zur Verfügung stehenden
Therapeuten immer mehr auseinander zu ungunsten der
Therapeuten. Es gibt also immer mehr Suchtpatienten
im Verhältnis zu den wenigen kompetenten Suchttherapeuten; ein Missverhältnis, das als logische Konsequenz

eine Verschlechterung des therapeutischen Angebots mit sich bringen muss.

Ein Argument, das für die Freigabe von Haschisch angeführt wird, ist die Entmischung der Märkte. Man will durch die Freigabe des Haschischs die beiden Konsumentengruppen voneinander trennen, um dadurch den Umstieg eines Haschischkonsumenten auf Heroin zu erschweren. Man erhofft also von der Freigabe des Haschisch, dass dadurch weniger Haschischraucher auf Heroin umsteigen, da sie dann nicht mehr im gleichen Milieu verkehren müssen. Diese Überlegung ist zwar gut gemeint, sie scheint uns aber nicht überzeugend. Die Heroinhändler würden problemlos auch den Zugang zum Markt der Haschischrauchenden finden, auch wenn die Märkte getrennt wären. Die Haschischraucher wären ja nicht hermetisch bzw. polizeilich von den Heroinhändlern abgeschirmt. Es ist bekanntlich nicht nur der Konsument, der den Markt aufsucht, sondern auch der Anbieter, genannt Vertreter oder Händler, der seine Konsumenten sucht. Hinter den Drogenhändlern stecken harte Geschäftsleute, und es ist nicht anzunehmen, dass diese sich durch die sogenannte Trennung der Märkte von ihrem Geschäft abhalten liessen. In Amsterdam wurde diese Praxis seit Jahren, wenn nicht auf legaler, so doch auf praktischer Ebene verfolgt. Die Zahl der Heroinsüchtigen scheint deshalb aber nicht zurückgegangen zu sein; jene der haschischkonsumierenden Jugendlichen nimmt seit 1984 laufend zu. Das Problem hat sich eher ausgeweitet und man ist daran, diese Praxis wieder etwas einzudämmen. Ausserdem führt regelmässiger Haschischkonsum bei Jugendlichen in der Regel zu einem sozialen Ausstieg wegen psychosozialem Entwicklungsstillstand und schlussendlich zu einer seelischen Abstumpfung und Verwahrlosung. Diese Verwahrlosung ihrerseits fördert dann den Umstieg auf Heroin und andere Drogen.

Liberalisierung fördert den Konsum und gefährdet unsere Jugend

Von ökonomisch denkenden Fachleuten wird das Argument des Preiszerfalls durch die Freigabe der Drogen angeführt. Über die Freigabe will man den Drogenhändlern das Handwerk legen. Darauf muss erwidert werden, dass nach den Gesetzen der Marktwirtschaft auf einen Preiszerfall in der Regel mit forcierter Umsatzsteigerung reagiert wird, um die Gewinneinbusse wieder wett zu machen. Man müsste unter diesen Umständen also mit einer starken Marktausweitung und deshalb Zunahme von Drogenkonsumenten rechnen. Welches Ausmass an Schädigung dies für unsere Jugend in sozialer, intellektueller und auch gesundheitlicher Hinsicht mit sich bringen würde, lässt sich kaum abschätzen.

Zum Abschluss zählen wir nochmals die psychiatrisch relevanten Gründe auf, die gegen die Legalisierung von Haschisch sprechen und die alle auf der psychotropen Wirkung des Haschischs basieren, die wir im vorhergehenden Kapitel beschrieben haben. Der dramatischste und offensichtlichste Grund ist die Tatsache, dass ein jugendliches Gehirn durch den Haschischkonsum in einen psychotischen, d.h. schizophrenieähnlichen Zustand versetzt werden kann, was dann häufig zu einer Einweisung in eine Psychiatrische Klinik führt. Eine solche Einweisung stellt für diese Jugendlichen ein äusserst traumatisches Erlebnis dar und wirft meistens einen langen Schatten auf ihr Leben, ein Schatten, von welchem sie eventuell ihr Leben lang nicht mehr loskommen. Ja, es kann sich sogar eine chronische psychische Krankheit daraus entwickeln, eine Schizophrenie. Dieses Gesundheitsrisiko würde für diese speziell sensiblen Jugendlichen durch die Legalisierung des Haschischs unnötigerweise erhöht. Schon rein aus diesem Grunde sollte die Legalisierung nicht einfach leichtfertig unterstützt werden.

Weitere Gründe, die gegen die Legalisierung des Haschischs aufgeführt werden müssen, sind die Behinderung der psychosozialen Entwicklung und die Beeinträchtigung der intellektuellen Leistungsfähigkeit durch regelmässigen Haschischkonsum. Über die offizielle Zugänglichkeit von Haschisch würden Jugendliche bei gewöhnlichen Pubertätsschwierigkeiten mit ihren Eltern vermehrt, d.h. noch ungehinderter zum Haschisch greifen. Dies würde dazu führen, dass ein noch grösserer Anteil der Jugend sich über regelmässigen Haschischkonsum sowohl intellektuell als auch psychisch und sozial schädigten. Dies hätte wiederum zur Folge, dass sie sich beruflich auf einer tieferen, ihren intellektuellen Fähigkeiten nicht entsprechenden Funktionsstufe eingliedern müssten, was zu dauernden Frustrationen führen würde, da sie sich immer irgendwie fehl am Platze vorkämen. Es würde und wird schon heute durch den weit verbreiteten Haschischkonsum unter den Jugendlichen eine künstlich vergrösserte Randgruppe in unserer Gesellschaft erzeugt. Unserer Ansicht nach müssen wir es der heutigen Jugend durch das Angebot von zusätzlichen legalen entwicklungshemmenden und gesundheitsschädigenden Suchtmitteln nicht unbedingt noch schwerer machen, als sie es schon hat. Man sollte der Jugend ganz andere abenteuerliche Möglichkeiten anbieten für ihren Freiheits- und Abenteuerdrang als den legalen Konsum eines weiteren Suchtmittels, ein Thema, auf das wir zurückkommen werden.

Die Freigabe eines jeglichen zusätzlichen Suchtmittels in unserer Gesellschaft bringt lediglich eine bessere Vermarktung desselben und mit grösster Wahrscheinlichkeit eine zunehmende Zahl von Süchtigen. Eine vermehrte Zahl von Süchtigen könnte durchaus eine Zunahme der Kriminalität in Form von Folgekriminalität mit sich bringen. Unter dem Einfluss von Suchtmitteln, egal ob illegal oder legal, wird die Urteilsfähigkeit des Menschen herabgesetzt und damit auch die Einsicht in unrechtmässiges Handeln vermindert. Die meisten Delikte sind Beziehungsdelikte und geschehen häufig unter dem Einfluss einer hirnaktiven Substanz wie Alkohol, Medikamente und auch Drogen.

Verschiedene Studien haben auch aufgezeigt, dass Jugendliche mit legalen Süchten, die nicht unter das Strafrecht fallen, keinen besseren Therapieerfolg ausweisen als solche mit illegalen Süchten, im Gegenteil, eher sogar eine etwas schlechtere Prognose haben. Dies bestätigt wiederum die Annahme, dass der einschränkende Rahmen des Gesetzes sich indirekt hilfreich auf den Süchtigen auswirkt, von seiner Sucht loszukommen. Dies allerdings nur unter der Voraussetzung, dass er auch eine geeignete therapeutische Betreuung erhält. Die Legalität einer Droge hingegen fördert die Absicht eines Süchtigen, von dieser Droge loszukommen in keiner Weise, im Gegenteil, sie behindert sie eher.

Im weiteren muss nochmals deutlich darauf hingewiesen werden, dass ein Drogensüchtiger, selbst wenn er Beschaffungsdelikte begangen hat, auch unter dem bestehenden Betäubungsmittelgesetz der Strafe entgehen kann, wenn er sich einer Therapie unterzieht. Das Argument der Entkriminalisierung des Drogensüchtigen durch die Gesetzesrevision scheint uns also nicht stichhaltig. Die Gesetzesrevision ist nicht notwendig, um den Drogensüchtigen zu entkriminalisieren. Die Drogenkomsumenten müssen auch unter dem heutigen Betäubungsmittelgesetz nicht als Kriminelle behandelt werden. Gegen das Betäubungsmittelgesetz zu verstossen als Drogenkonsument, ist eine Übertretung. Es ist weder ein Vergehen noch gar ein Verbrechen. Drogensüchtige müssten vor allen Dingen vermehrt systematisch dazu motiviert werden, sich in Therapie zu begeben und im Zweifelsfalle sogar unter gewissem Druck in die Therapie geschickt werden.

Strafrechtliche Handhabung eines gesundheitspolitischen Problems

Wenn wir uns deutlich gegen die Freigabe von Haschisch als sinnvolle Lösungsmöglichkeit des Drogenproblems ausgesprochen haben, so will dies nicht heissen, dass wir der Ansicht sind, dass die heute zur Anwendung kommende strafrechtliche Handhabung die Lösung des Drogenproblems darstellt. Dass dies nicht der Fall ist, hat sich aus der Erfahrung ja schon gezeigt. Weder die strafrechtliche Verfolgung des Drogenkonsumenten noch die propagierte Straffreiheit für alle süchtigen Händler kann unserer Ansicht nach der epidemischen Ausbreitung der Drogensucht bei Jugendlichen beikommen.

Der süchtige Jugendliche, der sich unter dem heutigen Betäubungsmittelgesetz erwischen lässt, stellt ein zweifaches Problem dar, einerseits handelt er gegen seine Gesundheit und wird dadurch zum behandlungsbedürftigen Patienten, der in die Hände der therapeutischen Fachleute gehört. Andererseits handelt er gegen das Betäubungsmittelgesetz und muss deshalb von den zuständigen Strafbehörden be- und verurteilt werden. Wie schon zuvor erwähnt, divergieren diese beiden Berufsgruppen, die für den Drogensüchtigen zuständig sind, in der Regel stark in ihren Meinungen in bezug auf korrekte Handhabung bzw. Behandlung des Süchtigen.

Es soll uns deshalb nicht erstaunen, dass unter diesen Umständen bis jetzt nicht mehr Erfolg in der Behandlung des Drogensüchtigen im einzelnen sowie in der Handhabung des Drogenproblems und der Drogenepidemie ganz allgemein erzielt werden konnte.

Im folgenden versuchen wir kurz aufzuzeigen, wie wir uns unter dem bestehenden Betäubungsmittelgesetz die Zusammenarbeit zwischen den beiden Fachgruppen vorstellen könnten, so dass dadurch dem einzelnen drogensüchtigen Jugendlichen mehr geholfen wäre und gleichzeitig die Drogenepidemie unter Jugendlichen erfolgreicher eingedämmt werden könnte.

Bestrafung ist keine Lösung

Die rein bestrafende Handhabung des einzelnen Drogensüchtigen bringt unserer Ansicht nach keine Lösung seines Problems, dies haben wir schon ausführlich im Kapitel über den Umgang mit Süchtigen dargelegt. Strafe bringt dem Betroffenen keine neuen Problemlösungsstrategien bei, sie erhöht nur sein Ausweich- bzw. Suchtverhalten. Sie schützt ihn also nicht vor dem Fortfahren mit seiner sinnlosen Problemlösungsstrategie des Suchtverhaltens. Was die strafrechtliche Handhabung für den Drogensüchtigen jedoch bieten kann, ist eine Art äussere Rahmenbedingung oder rechtliche Abgrenzung, innerhalb welcher die therapeutischen Methoden zur Anwendung gebracht werden können. Die Erfahrung hat gezeigt, dass Süchtige meist ohne gewissen äusseren Druck nicht therapiewillig sind. Sie neigen ja dazu, ihre Probleme solange es geht zu verdrängen bzw. ihnen auszuweichen über ihr Suchtverhalten, wie wir dies im ersten Kapitel über Suchtverhalten beschrieben haben. Aus diesem Grunde kann diese strafrechtliche Rahmenbedingung ein wichtiges Hilfsmittel für den Therapeuten und den Suchtpatienten selbst darstellen, das beiden erst ermöglicht, die Suchtkrankheit hilfreich anzugehen.

Konkret würden wir die Rolle der Strafbehörden darin sehen, dass sie die drogensüchtigen Jugendlichen sowie ihre Familien so schnell wie möglich den zuständigen therapeutischen Instanzen zuführen und, falls erforderlich, die Rahmenbedingungen für das therapeutische Vorgehen auch festlegen in Form einer „therapeutischen Massnahme" nach Artikel 44 des Strafgesetzbuches. Langwierige strafrechtliche Untersuchungen des Drogensüchtigen, abgesehen von der Informationsbeschaffung über das Verteilernetz der Händler, ist unserer Ansicht nach nicht angezeigt, da dies weder für die Strafbehörden noch für den Süchtigen wichtige Konsequenzen mit sich bringt. Ein zu langwieriges strafrechtliches Procedere mit ausführlichem Gutachten verzögert nur den Behandlungsbeginn des Süchtigen und verschlechtert dadurch seine Prognose wegen der laufend fortschreitenden Chronifizierung seiner Suchtkrankheit. Die Polizei übernimmt durch diese von uns skizzierte Handhabung des Drogensüchtigen die Funktion einer Gesundheitspolizei, indem sie Süchtige früh erfasst und diese als erstes zu motivieren versucht, sich in Therapie zu begeben, um sie dann, wie es das Gesetz verlangt, der Justiz zu übergeben. Die Justiz wiederum hat die Aufgabe, den Drogensüchtigen und seine Familie offiziell über eine Massnahme so schnell als möglich einer Therapie zuzuführen, falls die Familie und der Süchtige sich nicht schon von selbst in Behandlung begeben haben. Im Falle, dass die Familie und der Suchtkranke schon mit einer Behandlung begonnen haben, kann der Richter (falls der Süchtige keine „normalen" Delikte begangen und nicht mit Drogen gehandelt hat) von der Strafe absehen, oder die Behandlungspflicht noch über eine Massnahme festlegen. Sämtliche auf diese Weise verordneten Behandlungen könnten später einer Auswertung in bezug auf Erfolg unterzogen werden, was sicher interessante Aussagen für eine entsprechende Anpassung der zukünftigen Gesundheitspolitik auf dem Gebiete der Suchtkrankheit liefern könnte.

Der Streit darum, wer den hilfreicheren Ansatz hat, die Justiz mit ihrer repressiven Haltung oder die Therapeuten mit ihrer therapeutischen Haltung wird somit hinfällig, beide müssten zusammenarbeiten, um zu einem gemeinsamen Erfolg zu kommen. Jeder hätte dabei eine wichtige Funktion zu erfüllen in der anspruchsvollen Behandlung von Suchtkranken und ihren Angehörigen, weder eine repressive, noch eine liberale, sondern eine umfassend und koordinierte Drogensuchtbehandlung würde sich somit durchsetzen.

Ein Strafgesetz ist zum Schutz der Mehrheit gedacht

Die strafrechtliche Handhabung des Drogenhandels und Drogenkonsums darf jedoch nicht nur aus der Sicht der Süchtigen betrachtet werden, sie muss gesundheitspolitisch auch aus der Sicht des gesunden, nichtsüchtigen

Jugendlichen betrachtet werden. Die Strafe hilft zwar dem Süchtigen nicht, von seiner Sucht loszukommen, sie hält aber den Nichtsüchtigen bis zu einem gewissen Grade davon ab, ohne weiteres zum Suchtmittel zu greifen. Das Gesetz bietet dem Gesunden einen gewissen Schutz durch seine Schwellenfunktion. Diese Schwellenfunktion wird schon erfüllt durch eine leichte Strafe im Sinne einer Übertretungsbusse, nur die professionellen Dealer müssten einer schwereren Strafe unterzogen werden im Sinne einer Kriminalstrafe. Auch zum Schutze der Gesunden würden wir also eine Änderung des geltenden Betäubungsmittelgesetzes nicht befürworten. Ein Strafgesetz ist zum Schutze der Mehrheit gedacht, es soll auf den gesunden Anteil der Bevölkerung ausgerichtet sein und hat nicht die Funktion, eine kranke Minderheit zu schützen. Ein Strafgesetz ist nie dem am schlechtesten funktionierenden Glied der Gesellschaft, in diesem Fall dem Drogensüchtigen, angepasst, indem die Gesetzesmaschen möglichst weit gemacht werden. Durch eine auf die fehlgeleiteten Mitglieder der Gesellschaft ausgerichtete Schutzfunktion der Strafgesetzgebung lässt man sämtliches Fehlverhalten durch die Maschen des Gesetzes zurück in die Gesellschaft fallen. Man unterstützt und fördert durch eine solche Gesetzgebung alle, die krankhaftes Fehlverhalten aufweisen, ohne sie jedoch zu behandeln, geschweige denn zu heilen. Man überlässt sie einfach der Gesellschaft und überfordert diese dadurch masslos, bzw. schwächt ihren gesunden Anteil. Dies führt auf längere Sicht zu einer totalen Ausgrenzung der gesamten Gesellschaft, was einem gewissen Zerfall, ja einer Dekadenz derselben gleichkommt. Am Ende steht man vor der Situation, dass es nicht mehr genug Gesunde gibt, um den Kranken zu helfen und dadurch die Gesellschaft funktionstüchtig zu erhalten. Das System der Solidarität muss in sich zusammenbrechen. Dass dies nicht die Absicht einer gesundheitspolitischen Massnahme sein kann und sein soll, versteht sich von selbst.

VII. PRÄVENTION

Die Problematik der Prävention

Prävention ist heutzutage in gesundheitspolitischen Kreisen zu einem viel verwendeten Schlagwort geworden. Es leuchtet jedem ein, dass Vorbeugen besser ist als Heilen. Die Frage stellt sich nur nach dem Wie! Trotz gutem Willen scheitert die gute Idee der Prävention meist an der Durchführung.

Unserer Ansicht nach liegt das Problem schon im Wort Prävention, abgeleitet vom lateinischen Verb „praevenire", was „zuvorkommen" bedeutet. Man geht beim Präventionsgedanken von der Absicht aus, der Krankheit als Übel zuvorzukommen. Um einer Krankheit aber zuvor kommen zu können, muss sie zumindest in Aussicht stehen, wenn nicht gar schon vorhanden sein. Solange man die Krankheit noch gar nicht entdeckt hat, kann man ihr auch nicht zuvorkommen. Versucht man also, Krankheiten zuvor zu kommen, bevor sie überhaupt vorhanden sind, ist man dazu gezwungen, sich diese Krankheiten und ihre verschiedenen Ursachen, die dazu führen können, vorzustellen. Über das Aufzeigen der Krankheitsursachen versucht man deshalb, den Menschen vor der Krankheitsentwicklung zu warnen und hofft, dadurch der jeweiligen Krankheit zuvorzukommen. Diese Überlegungen würden zutreffen, wenn es sich bei der Entwicklung einer Krankheit an erster Stelle um einen, dem Willen unterstellten Prozess handelte. Dies trifft jedoch nicht zu. Krankheiten laufen viel eher nach einer emotionellen Dynamik ab, die sich dem Willen in der Regel entzieht. Deshalb kann von der Vorstellung von etwas Negativem wie dies eine Krankheitsursache darstellt, auch eine gewisse schädigende Wirkung ausgehen. Die Vorstellung einer Krankheitsursache suggeriert Krankheit und ist deshalb angstauslösend. Angst wiederum kann eine Krankheitsentwicklung nur fördern, niemals aber verhindern. Angst verhindert allenfalls eine gesunde Entwicklung. Die Aufklärung über Krankheitsursachen hat deshalb häufig nicht die gewünschte präventive Wirkung. Die Aufklärung hält die betroffenen Individuen, die ihre Gesundheit durch ein bestimmtes Verhalten schädigen, häufig nicht davon ab, sich gesundheitsschädigend zu verhalten, da dieses Verhalten eben nicht vom Willen her gesteuert werden kann.

Nehmen wir als Beispiel den Lungenkrebs. Es ist heutzutage statistisch erwiesen, dass ein Zusammenhang besteht zwischen starkem Rauchen und Lungenkrebs. Wenn auch nicht alle schweren Raucher Lungenkrebs entwikkeln, so ist es doch eine aufschlussreiche Anzahl. Um gegen diese Krankheit vorzubeugen, zeigt man den Menschen Raucher- und Krebslungen. Durch das Vorzeigen dieses widerlichen Krankheitsbefundes versucht man, die Menschen möglichst vom Rauchen abzuschrecken und dadurch die Krankheit zu verhüten. Dies mag bei manchem Betrachter die erwünschte Wirkung haben, so dass er aufhört zu rauchen oder gar nicht erst damit beginnt. Er ist somit einer geringeren Chance ausgesetzt, Lungenkrebs zu entwickeln. Viele junge Menschen beginnen aber dennoch zu rauchen, selbst wenn sie alle Informationen über die Zusammenhänge zwischen Rauchen und Lungenkrebs zur Verfügung haben. Das Vorbeugen durch Warnen hat also in diesen Fällen nichts genützt. Man hat es nicht fertiggebracht, dem gesundheitsschädigenden Verhalten dieser jungen Menschen zuvorzukommen. Warum?

Fragwürdige Aufklärung durch Abschreckung

Beim Drogenproblem stehen wir vor derselben Frage. Auch hier hat man versucht, der Drogensucht mit den Mitteln der Aufklärung zuvor zu kommen. Man hat Filme gezeigt über heruntergekommene, verelendete Fixer, wie sie menschenunwürdig leben, alle möglichen abscheulichen, vermeintlich abschreckenden Szenen von ihnen in Bild und Wort dargestellt, immer mit der Absicht, die Jugend dadurch von der Drogensucht abzuhalten. Bis jetzt hat aber keiner dieser Filme vermocht, die Zahl der Drogensüchtigen herabzusetzen. Man geht sogar von der Annahme aus, dass manche dieser Filme und Bücher die Neugier der Jugendlichen erst geweckt und zum Ausprobieren von Drogen animiert haben. Ähnliche Erfahrungen werden von einigen Eltern mit drogenabhängigen Jugendlichen geschildert. Auch sie haben ursprünglich versucht, ihre Kinder durch Abschreckung, Drohung und Angstmachen von den Drogen fernzuhalten, und was ist eingetreten? Nur das Gegenteil!

Ausserdem werden in der Filmindustrie laufend Horrorgeschichten zur Darstellung gebracht, die alle nur Unterhaltungswert haben, nicht aber eine Abschreckungswirkung. Im Gegenteil, je schockierender sie sind umso interessanter umso begehrter und umso besser verkäuflich werden sie. Über diese Art von Darstellungskunst im Film wird der junge Mensch natürlich sehr an sogenannte abschreckende Bilder gewöhnt, so dass nur noch eine prickelnde Wirkung davon ausgeht, die ihn sogar anzieht. Die auf Abschreckung ausgerichtete präventive Wirkung einer Schreckensgeschichte fällt somit ganz weg, ja schlägt sogar ins Gegenteil um, d.h. bewirkt Nachahmung.

Aus diesen Erfahrungen heraus muss der Schluss gezogen werden, dass die Suchtprävention nicht allein auf Abschreckung beruhen darf. Krank, respektive süchtig wird ein Mensch nicht aus einem bewussten Entscheid heraus. Deshalb kann die Verhinderung von krankheitsförderndem Verhalten nicht nur auf einer bewussten Ebene über Aufklärung angegangen werden. Die Suchtkrankheit wird nicht gewählt von einem Menschen, sie entwickelt sich über längere Zeit hinweg im Leben dieses Menschen. Sie ist das Resultat von mehrfach fehlgelaufenen persönlichen Entwicklungsprozessen. Zur Ursache dieser Fehlentwicklung gehören viele verschiedene Faktoren, die über längere Zeit negativ verstärkend auf verschiedenen Ebenen auf das betroffene Individuum eingewirkt haben. Der Griff zum Suchtmittel ist nur das letzte Glied in der Kette. Aus dieser Erkenntnis heraus kann deshalb schlecht gegen die Suchtkrankheit vorgebeugt werden durch Abschreckung vor einzelnen, ganz bestimmten Ursachenfaktoren, die zwar mitbeteiligt sein mögen an der Krankheitsentwicklung, die aber niemals die alleinige Ursache sein können.

Sobald es sich um eine Krankheit handelt, die aus verschiedenen Ursachen entsteht, müsste die Prävention gegen all diese verschiedenen Faktoren gerichtet sein. Bei der praktischen Durchführung müsste man den Menschen dazu anhalten, auf alle diese verschiedenen krankheitsfördernden Faktoren gleichzeitig zu achten. Dies wäre aber auch wieder nicht sinngemäss, da viele der Faktoren nur in gegenseitiger Wechselwirkung schädlich sind, nicht jedoch einzeln. Somit würde man den Menschen durch eine solche, präventiv gemeinte Intervention in seiner natürlichen Lebensführung massiv behindern, ihn allgemein verunsichern und über die Angst vielleicht gerade krankheitsauslösend auf ihn einwirken.

Wir erachten deshalb die präventive Wirkung von Aufklärungsaktionen nur bedingt als hilfreich bei der Verhinderung von Krankheitsentwicklungen, ja sehen in ihr zum Teil sogar eine Gefahr im Sinne einer krankheitsfördernden Wirkung, insbesondere bei der Entwicklung der Suchtkrankheit. Aus diesem Grunde schlagen wir im folgenden eine andere Art der Prävention vor.

Richtiges Handeln im kritischen Augenblick

Aus all diesen zuvor erwähnten kritischen Überlegungen heraus sind wir zu einem neuen ganz anderen präventiven Ansatz gelangt. Wir sind zur Überzeugung gekommen, dass es ein viel eleganteres, sinnvolleres und billigeres präventives Vorgehen gibt, das darin besteht, dass wir den Menschen in kritischen Augenblicken seines Lebens unterstützen, anstatt ihn durch Abschreckung und Belehrung von noch nicht vorhandenen Krankheiten abzuhalten versuchen. Aufs Leben kann man sich grundsätzlich nicht vorbereiten, da Leben immer Unvorhergesehenes mit sich bringt. Ein gesundes Leben kann schon gar nicht über die Vorbereitung auf alle möglichen Krankheiten erreicht werden. Ein gesundes Leben muss gelebt werden. Prävention heisst für uns deshalb: „Richtiges Handeln im kritischen Augenblick". Die Aufgabe der präventiv Tätigen beinhaltet somit an erster Stelle Beratung und Begleitung von Menschen in kritischen Augenblicken, um dadurch möglichst eine Fehlentwicklung im Sinne einer Krankheitsentwicklung zu verhindern.

Im chinesischen Schriftzeichen für „Krise" ist diese alte Weisheit, die auch unserer praktischen Erfahrung entspricht, schon zum Ausdruck gebracht. Das Zeichen bedeutet einerseits „Gefahr" und andererseits „Chance". Die Doppelbedeutung dieses Zeichens deckt sich mit unserer Erfahrung von Krisen im menschlichen Leben. Eine Krise stellt immer einen kritischen Augenblick dar, aus dem einerseits eine Krankheit oder eine Fehlentwicklung entsteht, andererseits aber auch eine Chance für eine positive Entwicklung vorliegt.

Prävention in unserem Sinne bedeutet deshalb, Menschen und menschliche Bezugssysteme in kritischen Augenblicken zu unterstützen. Durch eine qualifizierte Unterstützung von Menschen und ihrer Bezugssysteme in kritischen Augenblicken können Krankheitsentwicklungen verhindert werden. Prävention in dieser Art richtet sich nicht mehr gegen ganz bestimmte Krankheitsbilder, sondern stellt eine allgemein lebensfördernde Unterstützung des Menschen und seines Umfelds dar, die zum Ziele hat, Krankheitsentwicklungen verschiedenster Art zu verhindern, resp. eine gesunde Weiterentwicklung der einzelnen an der Krise beteiligten Individuen zu fördern.

Um unsere theoretischen Ausführungen etwas zu konkretisieren, werden wir im folgenden einige Beispiele von kritischen Augenblicken im menschlichen Leben auflisten.

Natürliche kritische Augenblicke

Geburt

Der erste kritische Augenblick im Leben eines Menschen, den wir hier an aller erster Stelle aufführen wollen, ist die Geburt. Die Geburt eines Kindes ist ein einschneidendes Ereignis für die Familie, sowohl für die Mutter, den Vater als auch die Geschwister, falls es schon welche gibt. In der heutigen Kleinfamilie sind oft nicht genügend zusätzliche Bezugspersonen vorhanden, um diesen kritischen Augenblick aus eigener Kraft gut meistern zu können. Es entstehen leicht Überforderungsreaktionen, sowohl bei der Mutter als auch beim Vater. Diese Überforderungsreaktionen übertragen sich selbstverständlich auf das Kind in Form von krankheitsverursachenden Störfaktoren. Es hat dadurch einen schlechten Start im Leben. Vielleicht reichen diese Störfaktoren auch noch nicht aus, um eine Krankheit zu verursachen, da die menschliche Natur so überlebensfähig ist, dass vieles schiefgehen kann, bis wirklich Krankheitssymptome auftreten. Ein sogenannter schlechter Start kann also im Leben wieder auskorrigiert werden. In manchen Fällen kann sich aber die Eltern-Kind-Beziehung von einem schlechten Start über die ganze Entwicklungszeit des Kindes hinweg nicht mehr erholen. Der schlechte Start leitet direkt in einen permanenten Teufelskreis über, in eine Eskalation negativer Entwicklungsfolgen, die in verschiedene Krankheiten ausmünden können. Nicht nur das Neugeborene kann jedoch durch die Überforderungssituation der Eltern Schaden nehmen, auch das nächstältere oder jüngere Geschwister kann bei der Geburt eines Kindes unter die Räder des Schicksals kommen, weil die Familie durch die Mehrbelastung überfordert ist.

Aus diesem Grunde ist es von enorm präventiver Bedeutung, dass man einer Familie mit einem Neugeborenen so viel Unterstützung wie möglich zukommen lässt, damit ja keine Überforderung des Systems auftritt, eine Überforderung, die sich auf lange Sicht in Form von Krankheiten und Problemen in jedem der Familienmitgleider, vor allem aber in den Kindern, niederschlagen kann.

Die Mütter- und Väterberaterinnen sind in der Regel die ersten fachlichen Bezugspersonen für die Familie mit einem Neugeborenen. Sie haben deshalb diese wichtige präventive Funktion, indem sie sowohl der Mutter als auch dem Vater Unterstützung in der kritischen Phase nach der Geburt eines Kindes geben.

Schuleintritt, Schulübertritt

Ein weiterer kritischer Augenblick im Leben eines Menschen ist der Eintritt in die Schule mit der gleichzeitig stattfindenden ersten Loslösung von der Geborgenheit des Elternhauses. Übertritte von einem Schulsystem in ein anderes stellen weitere durch das Schulsystem verursachte kritische Augenblicke dar. Da für Eltern die höhere Bildung ihrer Kinder in direktem Zusammenhang mit der besseren wirtschaftlichen Überlebensfähigkeit im späteren Leben gesehen wird und dieser Zusammenhang in vielen Fällen auch zutrifft, gehen sie nicht selten von der Erwartungshaltung aus, dass ihr Kind möglichst die beste Schule besuchen muss. Auch hier können häufig Konflikte auftreten, die über längere Zeit Wellen schlagen und Fehlentwicklungen in der Eltern-Kindbeziehung in Gang bringen. Diese Schulübertritts-Konflikte können sich auch zwischen Eltern und Lehrer polarisieren, indem diese beiden wichtigen Bezugspersonen des Kindes seine, im Vergleich zu den hohen elterlichen Erwartungen mangelnde Schulleistung sich gegenseitig in die Schuhe schieben. Eine oder mehrere Aussprachen zwischen Eltern und Lehrer, geführt durch eine neutrale, therapeutisch geschulte Person, kann in diesem Augenblick ebenfalls eine sehr wichtige präventive Funktion haben. Die für diese Aufgabe naheliegende Fachperson wäre der Schulpsychologe.

Schulversagen, Schulschwänzen

Ein anderer kritischer Augenblick, der sich wiederum in der Schule manifestiert, ist plötzliches Schulversagen oder Schulschwänzen. Auch in diesem Augenblick ist es enorm wichtig, dass nicht einfach nur das Symptom durch Bewertung mit schlechten Noten und erzieherischen Massnahmen wie Strafen angegangen wird, sondern dass man auch das Umfeld des Kindes auf Störfaktoren untersucht. Schulversagen und Schulschwänzen eines Kindes werden sehr häufig durch Probleme in der Familie ausgelöst und sollten deshalb immer auch von dort her angegangen werden. Die Beratung einer Familie in dieser Situation durch einen geschickten Therapeuten kann grosse präventive Wirkung haben. Ohne Beratung hingegen besteht die Gefahr, dass die Situation eskaliert bis zu dem Punkte, da das Kind aus der Schule und der Familie herausgenommen und in ein Internat oder ein Heim versorgt werden muss. Meist bleibt es aber nicht bei einem einzigen Heim. Das Kind fühlt sich durch die Fremdplazierung ungerecht behandelt, vermisst meistens zudem das Elternhaus und reagiert darauf mit Fehlverhalten, was wiederum zum Ausschluss aus der Gemeinschaft führt. Es folgen auf die erste Heimeinweisung weitere Heimplazierungen. Das Kind tritt eine Heimkarriere an, die viele weitere Krisen mit sich bringt, die in Fehlentwicklungen ausmünden können, d.h. die Chancen für eine positive gesunde Entwicklung werden immer mehr verschüttet. Als ehemalige beratende Ärztin eines Erziehungsheimes konnte ich solche Fehlentwicklungen aus nächster Nähe mitverfolgen und als Psychiatrin habe ich weiterhin Einblick in ihre tragischen Fortsetzungen in der Erwachsenenpsychiatrie.

Pubertät

Ein „natürlicher" kritischer Augenblick oder vielmehr eine kritische Phase im Leben aller Menschen ist die Pubertät oder Adoleszenz, die Phase der „Teens". Während dieser Zeit macht der junge Mensch viele Entwicklungsschritte durch, die ihn vom Kind zum Erwachsenen werden lassen. Diese Lebensphase, auch Ablösungsphase genannt, zeichnet sich unter anderem dadurch aus, dass gehäuft Konflikte zwischen dem pubertierenden Jugendlichen und seinen Eltern auftreten. Für viele Familien stellen diese Auseinandersetzungen mit ihren pubertierenden Kindern eine grosse Belastung dar, manche fühlen sich sogar echt überfordert. Dies umso mehr, wenn es sich um besonders heftige, temperamentvolle Kinder handelt. Aber auch die zurückgezogenen launischen Teenager können die Belastbarkeit der Eltern auf die Probe stellen. Kommen zu den Pubertätsproblemen noch weitere belastende Momente in der Familie dazu, wie z.B. grosse Schwierigkeiten am Arbeitsplatz des broterwerbenden Elternteils, Geldsorgen oder Eheprobleme, so kann es leicht passieren, dass die an sich normalen Probleme des Teenagers die Eltern überfordern und das Fass zum überlaufen bringen. Die Eltern neigen in einem solchen Augenblick vermehrt zu Fehl- und Überreaktionen auf das Verhalten des Teenagers und jede Auseinandersetzung artet schnell in eine generelle Eskalation eines totalen Familienkonfliktes aus. Eltern und Kind steigen in einen zerstörerischen Teufelskreis ein, in welchem sich beide in ihren Überreaktionen verstärken. Ein mögliches, durch die leichte Erhältlichkeit der Droge heutzutage recht häufiges Fehlverhalten, das beim Jugendlichen in einem solchen Augenblick auftreten kann, ist der Griff zur Droge. Die Eltern reagieren ihrerseits wieder mit Fehlverhalten und Überreaktionen. Läuft der Teufelskreis weiter, so entsteht aus der einmaligen Fehlhandlung des Kindes eine Fehlentwicklung, d.h. der Jugendliche entwickelt sich zum Drogensüchtigen, einen Prozess, den wir eingangs ausführlich beschrieben haben.

Anzeichen von solchen kritischen Augenblicken bei Teenagern können an erster Stelle von den Eltern festgestellt werden. Aber auch Lehrer oder Lehrmeister sind in der Lage, solche kritischen Augenblicke wahrzunehmen. Wichtig ist dabei, dass die Bezugspersonen des Teenagers, welche diese kritischen Momente wahrnehmen, nicht lange zuwarten, sondern sich möglichst bald Hilfe holen, um die präventive Chance ja nicht zu verpassen. Damit man als Bezugsperson solche kritischen Augenblicke beim Teenager überhaupt wahrnehmen kann, darf man jedoch nicht von der Haltung ausgehen, nur schlechte Eltern, schlechte Lehrer und schlechte Lehrmeister hätten fachliche Hilfe nötig, um mit den kritischen Augenblicken ihrer ihnen anvertrauten Jugendlichen geschickt umgehen zu können. Gute Eltern und Lehrer hingegen würden dies alles selbst meistern. Dies ist eine Fehlhaltung, welche nur die wichtige Chance zur Prävention vereitelt.

Handelt es sich um kritische Augenblicke, bei welchen Drogen schon im Spiel sind, so müsste die präventive Aufgabe eher eine Jugend- und Drogenberatungsstelle übernehmen. Für kritische Augenblicke im Zusammenhang mit der Schule wären am ehesten die Schulpsychologen zuständig, vorausgesetzt, dass sie bereit sind, das Umfeld des Kindes mit einzubeziehen in die Beratung und nicht nur den Symptomträger, d.h. das Kind abklären und behandeln wollen. Aber auch der Hausarzt oder Schularzt kann in solch kritischen Augenblicken zugezogen und zum hilfreichen Ratgeber werden, da er häufig die Familienverhältnisse schon kennt.

Die Beratung durch eine Fachperson in diesen kritischen Augenblicken während der Pubertät der Kinder hat zur Aufgabe, die Fehlentwicklung zu verhindern oder zu bremsen und die Familie und die Gefährdeten wieder in eine positive Entwicklung überzuführen. Die Intervention kann unter Umständen von sehr kurzer Dauer sein und dennoch eine grosse Wirkung entfalten. Wenn immer möglich, soll eine familientherapeutisch geschulte oder zumindest im Umgang mit Familien erfahrene Fachperson gewählt werden, da diese geübter und dadurch geschickter ist im Umgang mit Familien und schnellere Problemlösungen finden kann, als eine auf diesem Gebiet unerfahrene Person. Sobald der kritische Augenblick überwunden ist, weiss sich die Familie wieder selbst zu helfen und braucht weder Unterstützung noch Beratung.

Berufswahl

Ein weiterer „natürlicher" kritischer Augenblick im Leben eines Menschen ist die Zeit der Berufswahl. An der Berufswahl entzünden sich sehr oft Generationenkonflikte. Die Eltern haben gewisse Vorstellungen, welchen Beruf ihr Kind wählen bzw. nicht wählen sollte. Der Jugendliche hingegen mag ganz andere Wünsche haben, sich aber nicht getrauen, diese auszusprechen, vielleicht nicht einmal diese in Gedanken zu entwickeln. So wählt er unter Druck einen Beruf, der ihm gar nicht entspricht. Er kommt dadurch in eine innere Spannung, die sich im Laufe der Zeit immer mehr anstaut. Eine Möglichkeit, vor diesem Druck auszuweichen, ohne die Eltern durch einen aktiv gewählten Berufswechsel vor den Kopf stossen zu müssen, ist wiederum die Flucht in die Sucht. Das Suchtverhalten bewirkt schlussendlich ganz automatisch, dass dem Jugendlichen die Lehrstelle gekündigt wird. Der Lehrmeister wird also dazu gezwungen, die Verantwortung für den Wechsel zu übernehmen.

Aus diesem Grunde möchten wir mit Nachdruck darauf hinweisen, dass die Berufswahl eines Jugendlichen nicht vergewaltigt werden darf, dass man dem Jugendlichen genügend Zeit lassen muss, sich selbst zu entscheiden nach seinen ganz persönlichen Neigungen und Eignungen. Ein Berufsberater, der in diesem Augenblick zugezogen wird, hat deshalb eine enorm wichtige präventive Funktion und sollte seine Arbeit mit grösster Sorgfalt und ohne Zeitdruck ausführen. Unserer Ansicht nach sollte er auch die Eltern des Jugendlichen immer mit einbeziehen in die Beratung, da ihm sonst die Einsicht in die Zusammenhänge zwischen mangelndem Berufsentscheid des Kindes und überhöhten Wunschvorstellungen der Eltern fehlt, und er das Kind entsprechend schlechter beraten kann.

Krankheit

Eine andere kritische Situation in der Familie kann durch eine schwere Krankheit eines Kindes entstehen. Sobald bei einem Kind eine Krankheit auftritt, löst dies bestimmte Reaktionen bei den Eltern aus. Die Verhaltens-weisen der Eltern ihrem kranken Kinde gegenüber sind an und für sich immer darauf ausgerichtet, ihm zu helfen. Handelt es sich aber um Überreaktionen, wirken sich diese nicht immer so hilfreich aus auf das Kind! Im negativen Falle können sie das Krankheitssymptom sogar verstärken und fixieren. Haus- und Kinderärzte können bei diesem Verstärkermechanismus ebenfalls eine nicht unwesentliche Rolle spielen. Durch ihre zwar wohlgemeinten vorsoglichen Ratschläge sowie ihre wissenschaftlichen Informationen über die Prognose der Krankheit lösen sie bei den an sich schon ängstlichen Müttern und Vätern oft verstärkte Angstgefühle aus.

Diese Angstgefühle übertragen sich dann in Form von Angsthandlungen auf die Kinder und verstärken dadurch häufig die Krankheitssymptomatik bei demselben. Mütter werden geschwächt und verunsichert in ihrem natürlichen, pflegenden und auch heilenden mütterlichen Verhalten. Sie haben Mühe, die selbstheilenden Kräfte im Kinde zu mobilisieren, sie vertrauen nur noch auf fachliche, um nicht zu sagen ärztliche Hilfe von aussen. Die ärztliche Hilfe ist aber meistens nur auf ein Behandeln des konkreten Symptoms ausgerichtet. Die Konzentration auf ein Symptom kann jedoch häufig zur Verstärkung desselben führen, da die ängstliche Mutter ihre ganze Zeit darauf verwendet, das Symptom zu beobachten. In einer solchen Situation der Fokussierung auf das Symptom wäre es wiederum die Aufgabe einer präventiv denkenden Fachperson, der Familie zu helfen, diese Verstärkermechanismen zu unterbrechen. Der Verstärkermechanismus zwischen Mutter und Kind, gesteuert durch den erhöhten Angstpegel der Mutter, braucht sich nicht nur auf eine einzige Krankheit auszuwirken, sondern kann sich auch auf alle grösseren und kleineren Probleme dieses Kindes übertragen. Dies bedeutet, dass die Mutter bei diesem speziellen Kinde bei Krankheit oder Problemen viel stärker und früher mit Alarmreaktionen reagiert als bei den anderen Kindern. Sie kann durch diese verstärkten Alarmreaktionen den Lebensraum des Kindes merklich einengen, was dann wiederum zu neuen Störungen führen kann. Da die Mutter meist kaum aus diesem Teufelskreis herauskommt, weil sie ihn gar nicht erst wahrnimmt und die Hilfe des Vaters häufig auch nicht annehmen kann, da sie diese nur als Kritik empfindet, bedarf sie in diesem Augenblicke einer objektiven fachlichen Hilfe von aussen. Diese Fachperson kann wesentlich vorbeugend einwirken, falls es ihr gelingt, den Teufelskreis zu durchbrechen und dadurch neue Krisen und dadurch verursachte Krankheitsentwicklungen zu verhindern.

Schlussbemerkungen

Von Fall zu Fall stellt sich die Frage, wer die Fachperson sein soll, die in kritischen Augenblicken vorbeugende Unterstützung und Beratung anbietet. Sicher ist, dass diese präventive Beratung nicht auf einen einzigen Dienstleistungsbetrieb beschränkt sein soll und kann. Vielmehr sollten Fachpersonen aus verschiedenen helfenden Berufen und verschiedenen Institutionen sensibilisiert sein auf solche kritischen Augenblicke, um zum gegebenen Zeitpunkt eine entsprechende Hilfestellung leisten zu können und dadurch eine breite, präventive Wirkung zu erzielen.

Ärzte stellen eine der grössten helfenden Berufsgruppen dar, die häufig relativ früh an kritische Augenblicke herankommen, da sie von der Familie zugezogen werden bei jeglicher Art von Krankheit, und Krankheit immer einen kritischen Augenblick darstellt im Leben einer Familie. Sowohl der Kinderarzt, der Frauenarzt, der Schularzt und der Hausarzt, aber auch der Internist und andere mehr sind geradezu ausersehen, für präventives Handeln im Sinne von richtiger Beratung im kritischen Augenblicke. Damit die Ärzte diese Gelegenheit besser wahrnehmen können, müssen sie aber entsprechend ausgebildet sein, so dass sie sich vermehrt über die familiären Hintergründe informieren und sich nicht nur auf das Krankheitssymptom ausrichten.

Um eine solch ganzheitliche Sicht der Krankheitsentwicklung d.h. ein psychosoziales Krankheitsverständnis bei den Ärzten zu fördern, muss diese Betrachtungsweise schon im Medizinstudium im Rahmen der Sozial- und Präventivmedizin gelehrt werden. Nur so kann dieser Handlungsansatz zur Prävention wirklich Verbreitung finden.

Eine in konsequenterweise vermehrt präventiv ausgerichtete Medizin wird den Krankenkassen sowie dem Staat sehr viele Kosten einsparen und sowohl den Patienten als auch den Ärzten eine befriedigendere, da erfolgreichere Behandlung ermöglichen. Der Arzt wird durch diese beratende Funktion wieder vermehrt die Rolle des früheren Familien-Arztes übernehmen, der eine weise, erfahrene Vertrauensperson für die Familie darstellt, an die man sich mit allen möglichen Sorgen und vor allem in Krisensituationen wenden kann.

ANHANG

Begriffsverwirrung: Wörter und Schlagwörter

Amphetamine

Dies sind Substanzen, welche den Körper zu einer erhöhten Leistung stimulieren, d.h. anregen können. Durch die überhöhte Leistungssteigerung erfährt der Körper freilich auch eine verstärkte Erschöpfungsreaktion, die unter Umständen sogar zur totalen Erschöpfung einiger Organe und somit zum Tode führen kann. Eine Art fatale Stressreaktion. Amphetamine werden als „Dope" im Sport und als Appetitzügler in Magerpillen verwendet.

Chronische Krankheit

Eine chronische Krankheit ist eine Krankheit, die über längere Zeit hinweg dauert, manchmal das ganze Leben lang, die sich durch aktive, akute Rückfallsphasen auszeichnet mit z.T. zwischendurch längeren Ruhepausen, die symptomfrei sein können. Sowohl die Entstehung einer chronischen Krankheit als auch die Heilung verläuft in mehreren Schritten. Bei beiden ist ein gewisser Lernprozess im Gange. Patienten mit chronischen Krankheiten müssen lernen mit diesen umzugehen. Der behandelnde Arzt ist auf ihre Mithilfe angewiesen. Je früher eine chronische Krankheit erfasst wird, umso eher ist es möglich den chronischen Verlauf zu unterbrechen und eine gute Prognose zu erreichen.

Psychotrope Substanz

Psychotrop sind Substanzen, chemische Stoffe, die vor allem im Gehirn eine Auswirkung haben und deshalb die Psyche des Menschen verändern. Sie können dämpfend, stimmungsaufhellend, angstlösend, beruhigend, schlafanstossend, phantasieanregend etc. wirken. Sämtliche Psychopharmaka sind psychotrope Substanzen sowie alle Substanzen, die als Suchtmittel verwendet werden.

Schadenbegrenzung oder „harm reduction"

Unter diesem Begriff versteht man die begleitenden Massnahmen von Suchtpatienten, die nicht mehr auf Suchtfreiheit ausgerichtet sind, sondern versuchen, das Symptom einzugrenzen, d.h. eine Verschlimmerung des Zustandes zu verhindern. An sich entspricht diese Haltung der ganz gewöhnlichen tertiären Prävention jeder chronischen Krankheit, eine Massnahme, die darauf ausgerichtet ist, die Verschlimmerung der Krankheit aufzuhalten.

Teufelskreis

Ein Teufelskreis innerhalb eines Beziehungssystems oder innerhalb eines biologischen Systems stellt immer einen Regelkreis dar, der sich selbst aufrecht erhält bzw. selbst beschleunigt. In der Fachsprache nennt man dies „run away cycle". Handelt es sich beim Teufelskreis um ein Krankheitssymptom, so wird das Symptom über diesen davongelaufenen Regelkreis dauernd verstärkt, was nichts anderes heisst als die Chronifizierung, d.h. die Verschlechterung der Krankheit ist im Gange. Normalerweise haben alle Körpersysteme dämpfende Mechanismen eingebaut, die solche extremen Entwicklungen abpuffern. Auch im sozialen Bereich verhält sich der Mensch in der Regel so, dass er extreme Verhaltensweisen anderer abpuffert. Hat die Erregung aber ein gewisses Mass überschritten, dann eskaliert der Prozess sowohl im sozialen wie im körperlichen Bereich.

„Überlebenshilfe"

Unter „Überlebenshilfe" versteht man in der Drogenfachsprache eine ganz spezifische Sozialhilfe für Drogensüchtige, die aus einer Schlafmöglichkeit, Essen, sauberen Spritzen und einem offiziellen, rechtsfreien Raum besteht, wo man ungestört Drogen konsumieren darf, genannt Fixerstübli. Mit medizinischer Überlebenshilfe hat dies an sich nichts zu tun. Der Begriff ist deshalb absolut falsch verwendet, er suggeriert eine medizinische Notlage, die in der Tat nicht existiert. Die sozialen unterstützenden Handlungen, die unter diesem Begriff subsummiert werden, sollten eher Suchthilfe heissen, d.h. Unterstützung zur ungestörten Praktizierung der Sucht.

Ecstasy, die Sucht nach Ekstase

Der Mensch hat immer nach Überhöhung über sich selbst gesucht. Die Sehnsucht, vom gewöhnlichen Dasein wegzukommen, der Drang nach dem Fliegen, Schweben im wirklichen und im übertragenen geistig seelischen Sinne ist ein uralter Wunsch des Menschen.

Ein Wunsch, der, so faszinierend er ist, sehr gefährlich sein kann, da er häufig in eine Katastrophe oder eine Krankheit ausmündet.

Ecstasy ist eine dieser verlockenden Pillen, welche die Jugend zu einer überhöhten Freizeitleistung verführt. Ecstasy besteht aus einer amphetaminähnlichen Substanz. Amphetamine sind Stoffe, die stimmulierend, d.h. leistungssteigernd wirken. Sie werden auch in Abmagerungspillen verwendet, da sie gleichzeitig mit der leistungssteigernden Wirkung eine den Hunger unterdrückende Wirkung haben. Am häufigsten werden die Amphetamine zur Erhöhung der sportlichen Leistungen verwendet, das sogenannte „doping", das ja verboten ist.

Unsere heutige Jugend verwendet die Ecstasy Pille an Techno Parties, um die ganze Nacht ohne Unterbruch durchtanzen zu können, ohne dabei schlapp zu machen. Wie wir bei unseren einführenden Gedanken über Sucht und Suchtverhalten erläutert haben, kann jegliche Art von Erschöpfungszustand zu einer Endorphinausschüttung führen und dadurch dieses überhöhte Gefühl des Fliegens, Schwebens, eben diese Ekstase, das Ausser-sich-selbst-sein, mit sich bringen.

Dieses Gefühl kann ein sportlich gut trainierter Jugendlicher, wenn er eine ganze Nacht durchtanzt, auch auf natürliche Weise erleben, ohne dass er dabei seinen Körper schädigt. Ist er hingegen nicht so gut durchtrainiert, so kann er dieses „Hochgefühl" nicht erleben, weil er frühzeitig schlapp macht, bevor die Nacht um ist; er kommt also nicht zu dieser überhöhten Leistung – wohlvermerkt in der Freizeit – sein Körper setzt ihm natürliche Grenzen, so dass er innehalten muss.

Diese natürlichen körperlichen Grenzen, man könnte sie auch Sicherheitsgrenzen nennen, kann er nun überschreiten, indem er Ecstasy zu sich nimmt. Durch die Wirkung der Amphetamine in dieser Pille kann der Jugendliche seine vom Körper gesetzten Grenzen überschreiten und noch einmal voll aufdrehen in seiner Leistung. Man könnte diesen Vorgang mit dem Frisieren eines Motorrades vergleichen. Doch was passiert durch dieses Überschreiten der eigenen natürlichen Leistungsgrenzen? Der „Motor" verbrennt und es kommt zu einem totalen Zusammenbruch. Der Körper wird total überfordert, da man ihm die Peitsche gibt, wenn er schon längst nicht mehr kann. Diese Überforderungsreaktion passiert umso mehr, als durch die Wirkung der Amphetamine auch das Hunger- und Durstgefühl unterdrückt wird und der Jugendliche deshalb nicht genügend Flüssigkeit zu sich nimmt trotz grossen Bedarfs, da er ja beim Tanzen massiv Wasser verliert durch sein Schwitzen.

Ecstasy ist also nichts anderes als eine massive Stressreaktion, die entweder den Körper akut schädigt durch Blutgerinsel im Gehirn oder in den Herzkranzgefässen oder chronische Schädigung bewirkt im Sinne einer frühen Alterung des Körpers mit verfrüht einsetzenden sogenannten Zivilisationskrankheiten, welche durch unser stressgeplagtes Leben vermehrt ausgelöst werden.

Magersucht und Bulimie

Die Magersucht ist eine Suchtkrankheit, die ebenfalls in der Pubertät auftritt, aber auch bis ins Erwachsenenalter hineinreichen kann. Sie findet sich häufiger bei Mädchen als bei Knaben. Sie drückt sich durch eine extreme Essensverweigerung aus, eine Art Hungerstreik.

Da dieses Essverhalten für die Eltern, insbesondere für die Mutter, stark angstauslösend ist, reagiert sie entsprechend heftig. Sie versucht, ihre Tochter auf alle mögliche Art und Weise zum Essen anzuhalten, doch immer ohne

Erfolg. Die magersüchtige Tochter wehrt sich standhaft gegen die Kontrolle der Mutter, und es kommt zu einem dauernden Machtkampf zwischen den beiden, ein Kampf, der vermutlich schon vorher bestanden hat.

Da Essverhalten an sich zum Instinktverhalten gehört, hat die Mutter gar keine Möglichkeit und auch kein Recht, sich in dieses Verhalten ihres Kindes einzumischen. Sie tut es aber dennoch, da sie glaubt, das Kind durch ihre Einmischung am Leben erhalten zu müssen. Es könnte sich ja zu Tode hungern. Je mehr sich die Mutter aber einmischt, umso mehr wehrt sich die pubertierende Jugendliche mit Hungerstreik und umso mehr mischt sich die Mutter wieder ein. Auch hier steigen beide in diesen fatalen Teufelskreis ein, der sich selbst erhält und bis zum Tode des Kindes führen kann. Die Magersüchtige hat dann den Machtkampf gewonnen, aber das Leben verloren.

Wie kann es zu diesem selbstzerstörenden Fehlverhalten zwischen der Mutter und einem Kind in der Pubertät kommen?

Die Pubertät zeichnet sich aus durch den Ablösungskonflikt, welchen die Pubertierenden mit ihren Eltern ausfechten müssen. Bei diesem Ablösungskampf ist es von enormer Wichtigkeit, dass die Eltern nicht immer die Sieger sind, sondern auch als Verlierer aus dem Kampf herausgehen können. Dies spielt eine wichtige Rolle für die Entwicklung eines gesunden Selbstwertgefühls der jungen Erwachsenen. Sind die Eltern aber nicht bereit, im Kampf zu verlieren, besteht die Gefahr, dass die Pubertierenden ein Kampffeld wählen, zu welchem die Eltern keinen Zugriff haben. Sämtliches Gesundheitsverhalten und Intimverhalten fällt in diesen Bereich, somit auch das Essverhalten.

Über das Essverhalten ihres Kindes in diesem Alter kann eine Mutter genauso wenig verfügen wie über seinen Körper. Sie hat also schon zum vornherein ihren Kampf verloren. Das Kind hat über die Wahl des Kampfthemas bzw. des Kampfortes, nämlich seinen eigenen Körper, gleich zum vornherein die Oberhand. Gefährlich ist nur, dass sein Kampfverhalten äusserst gesundheitsschädigend und deshalb zerstörerisch ist. Der Ablösungskampf nimmt einen gefährlichen Lauf, er geht nicht in Richtung Freiheit und Autonomie, sondern in Richtung Selbstschädigung und Tod. Im Grunde genommen ein ähnlicher Ablauf wie bei der Drogensucht.

Was hat dieses Hungerstreikverhalten mit Sucht zu tun?

Wie wir im ersten Kapitel erwähnt haben, kann Sucht unter Befriedigungsverhalten eingereiht werden. Bei allen Befriedigungsverhalten wird das Wohlbefindlichkeitssystem aktiviert. Dieses Wohlbefindlichkeitssystem kann aber auch über extreme körperliche Stressituationen aktiviert werden. Ein dauerndes Hungern stellt eine solche extreme körperliche Stressituation dar. In der Tat kann über längeres Fasten das Wohlbefindlichkeitssystem aktiviert und Endorphin ausgeschüttet werden. Man kann also mit Fasten ein Wohlgefühl auslösen und genau dies tun die Magersüchtigen. Sie entwickeln mit der Zeit einen immer grösseren Wetteifer, ihr Gewicht ständig zu senken und dennoch am Leben zu bleiben. Setzt man ihnen als Arzt eine Gewichtsgrenze, von welcher an sie ins Spital eintreten müssen, um eine künstliche Ernährung durchzuführen, treten sie auch hier wieder in den Machtkampf ein. Sie behalten ihr Gewicht immer gerade ein paar Gramm unter dieser Minimalgrenze, um zu testen, ob man sie durchgehen lässt, dann hätten sie den Kampf gewonnen. Häufig nehmen sie, bevor man sie auf die Waage stellt, noch möglichst viel Flüssigkeit auf, um so ihr Gewicht zu erreichen. Oder sie stecken sich sogar Steine in die Taschen, um den Arzt zu täuschen.

Aus dem Verständnis dieses selbstzerstörerischen Machtkampfes heraus, den Magersüchtige kämpfen, rate ich allen Eltern und Therapeuten, so schnell wie möglich aus diesem Machtkampf auszusteigen, um dadurch den fatalen Teufelskreis zu unterbrechen. Instinktverhalten, und darunter fällt auch Essverhalten, pendelt sich am schnellsten wieder ein, d.h. normalisiert sich, wenn man es in Ruhe lässt. Deshalb muss das Thema Essen ausgeklammert werden. Die Kontrolle über das Essen muss ganz den Pubertierenden überlassen werden, was für die Mütter nicht einfach ist; sie müssen auch in andern Bereichen vermehrt Kontrolle abgeben.

An Stelle der Kontrolle über Intimsphären des pubertierenden Kindes soll echte Auseinandersetzung mit dem jungen erwachsenen Menschen treten. Dies bedeutet ein ernsthaftes Anhören dieses jungen Menschen in seinen Anliegen und seinen Nöten sowie eine klare Stellungnahme zu wichtigen Themen, ohne dabei jedoch den jungen Menschen überzeugen oder gar zur eigenen Meinung zwingen zu wollen. Diese ehrliche Auseinandersetzung zwischen Eltern und Kind gehört zum Ablösungskonflikt eines jeden Teenagers.

Bei der Bulimie wird das Hungerstreikverhalten zusätzlich durch Fressattacken ergänzt, die dann von Brechverhalten gefolgt werden. Die Bulimiepatienten beschäftigen sich stark mit dem Einkauf von Esswaren, verschlingen diese alle, um sie anschliessend durch künstlich herbeigeführtes Erbrechen sofort wieder herauszugeben.

Auch bei diesem Ess-Brechverhalten, bei dieser Ess-Brechsucht, versuchen die Eltern, Kontrolle darüber zu gewinnen und steigen dadurch in einen Teufelskreis.

Häufig steckt hinter der Fress-Brechsucht eine tiefe Aggression, die ihren Ausdruck nicht findet und sich somit hinter diesem Krankheitssymptom versteckt. Die Eltern müssen dazu angeleitet werden, die Aggression ihres Kindes auszuhalten, damit dieses vom Symptom ablassen kann und die echte Auseinandersetzung in Gang kommt. Dies ist nicht immer einfach für die Eltern, aber umso heilsamer für das Kind. Im Grunde genommen geht es immer um das Gleiche, nämlich den gesunden Ablösungskonflikt, um welchen weder Eltern noch Kinder herumkommen.

Christian Huber
Irrwege und Auswege

Anmerkungen zur schweizerischen Drogenpolitik mit einem Vorwort von Jeanne Hersch und einem Nachwort von Peter G. Waser.

Wohl etwas vom Besten, was in den letzten Jahren auf dem Büchermarkt zur schweizerischen Drogenpolitik veröffentlicht worden ist, stammt aus der Feder des Zürcher Oberrichters Christian Huber.
Paul Ehinger im Zofinger Tagblatt vom 16. 11. 92

Christian Huber ist der wohl Fundierteste und Differenzierteste unter den Anhängern einer „harten Linie" in der Drogenpolitik.
Karl Lüönd in der ZüriWoche vom 29. 10. 92

Andrea V.
Mein verpfuschtes Leben
17 Jahre in der Zürcher Drogenszene

Dieses Buch ist ein Geschenk und eine Mahnung für alle jungen und gesunden Menschen. Andreas Botschaft lautet: Es gibt nur eines. Nie anfangen, nie probieren. Just say no!
„Es gibt kein Zurück. Wenn man einmal angefangen hat, gibt es kaum ein Zurück. Ich bin jetzt fast 30jährig und habe in meinem Leben nichts erreicht, ausser als schlechtes Beispiel zu wirken. Den Satz: ‚Wenn ich nochmals von vorne anfangen könnteû' gibt es nicht! Es gibt nur eins: Nie anfangen! Nie probieren! Just say no!"

Rothenhäusler Verlag, CH-8712 Stäfa